LANGENSCHEIDT-LEKTÜRE 68

HUMOUR À GOGO

ENGLISCH

4	**Strange Adventures**	Abenteuergeschichten, die sich besonderer Beliebtheit erfreuen.
13	**Dreizehn Whodunits**	Kriminalgeschichten u. a. von Agathe Christie. O. Henry und Saki.
15	**Laugh and Be Merry**	Köstlicher britischer Humor in Short Stories und Witzen.
42	**Short Stories**	Ausgesuchte Erzählungen, die sich durch ihren hervorragenden Stil auszeichnen.
60	**Humorous Short Stories**	Spaßige Situationskomik und amüsante Schlaglichter auf englische Originalität.
61	**The Birds/Kiss Me Again, Stranger**	Hier – die Vorlage für Hitchcocks Thriller, dazu ein weiterer Shocker.
66	**A Steinbeck Reader**	Drei Kurzgeschichten des großen amerikanischen Erzählers.
67	**Murder! Murder? Murder!**	Vier Mordgeschichten und vier ungewöhnliche Täter – besonders spannende Lektüren.
70	**So spricht der Amerikaner!**	Eine kleine Einführung in das Amerikanische Englisch.
71	**Spotlights**	15 englische und amerikanische Kurzgeschichten.
72	**Scoundrels**	Zwei leichte englische Kurzgeschichten.

FRANZÖSISCH

44	**Nouvelles françaises**	Eine Sammlung literarisch interessanter französischer Novellen.
57	**Textes Français Modernes**	Humoristische und ernste „Auskünfte" über historische und kulturgeschichtliche Themen.
62	**Thanatos Palace Hotel**	Novellistische Kostbarkeiten, wie sie nur aus der Feder André Maurois' fließen können.
68	**Humour à gogo**	Typische Witze sind in diesem Lektüreband mit humorvollen Kurzgeschichten vereinigt.

ITALIENISCH

7	**Un po' di tutto**	Aktuelle Einblicke in die Verhältnisse des Landes und in das Geistesleben des Volkes.
69	**Storie poliziesche**	Moderne italienische Kriminalgeschichten – sie halten den Leser bis zur letzten Seite gefangen.

RUSSISCH

55	**Moderne russische Erzählungen**	Typische Kurzgeschichten, teils humoristisch, teils ernst.
56	**Leichte russische Kurzgeschichten**	Populäre Aufsätze, Anekdoten, Sprichwörter und Kurzgeschichten.

SPANISCH

36	**Cuentos Españoles**	Charakteristische Erzählungen aus dem spanischen Volksleben.
58	**Lecturas Amenas**	Humorvolle Erzählungen in spanischer Umgangssprache.
65	**Rodando por España**	Interessante Einblicke in das Alltagsleben des spanischen Volkes.
	Viaje a Madrid	Spanische Alltagssituationen in Tagebuchform. Illustriert. Mit Cassette.
	Almudévar	Dialoge und Interviews mit Bewohnern eines spanischen Dorfes. Illustriert. Mit Cassette.
	América Latina	Dialoge und Interviews mit Südamerikanern sowie landeskundliche Texte. Illustriert. Mit Cassette.
	Spaß mit Spanisch	In spielerischer Form wird der spanische Grundwortschatz geübt.

Langenscheidt-Lektüre 68

Humour à gogo

Französische Witze und Kurzgeschichten

LANGENSCHEIDT
BERLIN · MÜNCHEN · WIEN · ZÜRICH

Abkürzungen

adv.	Adverb
e-m	einem
e-n	einen
etw.	etwas
f	weiblich
F	familiär
fig.	figürlich
f/pl.	weibliche Mehrzahl
'h	aspiriertes h
j-m	jemandem
j-n	jemanden
m	männlich
m/pl.	männliche Mehrzahl
P	populär
p.p.	Partizip des Perfekts
p.s.	Historisches Perfekt
q.	quelqu'un
qch.	quelque chose

Auflage: 7. 6. 5. | *Letzte Zahlen*
Jahr: 1983 | *maßgeblich*

Druck: Druckhaus Langenscheidt, Berlin-Schöneberg
Printed in Germany / ISBN 3-468-44680-2

Vorwort

Zweck des vorliegenden Lektürebandes, der Grundkenntnisse der französischen Sprache voraussetzt, ist es, vergessene Sprachkenntnisse aufzufrischen und vorhandene zu erweitern. Bei der Auswahl der Texte leitete uns vor allem das Bestreben, dem Leser einen Einblick in die typischen Eigenarten des französischen Witzes, des vielgerühmten „esprit gaulois", zu vermitteln.

Das Bändchen bringt zahlreiche Proben französischen Humors in Form von kurzen Erzählungen und Witzen. An zahlreichen Texten wird dem Leser auch Gelegenheit gegeben, sich mit Ausdrücken der französischen Umgangssprache verschiedener Sprachebenen vertraut zu machen.

Das beigegebene Vokabular bringt vor allem Ausdrücke und Redewendungen, deren Kenntnis im allgemeinen nicht vorausgesetzt werden kann. Sollte der Leser ein zusätzliches Hilfsmittel wünschen, so empfehlen wir die Benutzung von „Langenscheidts Taschenwörterbuch Französisch", das ihm nicht nur Aufschluß über die Bedeutung eines unbekannten Wortes, sondern auch Auskunft über Aussprache, Anwendung, stilistische und grammatische Eigenarten usw. gibt.

DER VERLAG

Table des matières

Erklärung der Aussprachebezeichnung

Die Aussprachebezeichnung ist in der Lautschrift der Association Phonétique Internationale wiedergegeben.

Bei zwei- und mehrsilbigen Wörtern steht vor der betonten Silbe das Tonzeichen ('). Die Vokaldehnung wird durch : hinter dem betreffenden Vokal bezeichnet.

a) Vokale

Zeichen	Lautcharakteristik	Aussprache: verwandter deutscher Laut		Aussprache: französ. Beispiel	
		kurz	lang	kurz	lang
a	helles a	Ratte	Straße	rat	courage
ɑ	dunkles a	Mantel	Vater	bas	pâte
ɑ̃	nasaliertes a	—	—	temps	ample
e	geschlossenes e	Edikt	—	été	—
ɛ	offenes e	fällen	gähnen	après	mère
ɛ̃	nasaliertes e	—	—	fin	plaindre
ə	dumpfes e, deutliche Lippenrundung	Hacke	—	le; prêtre	—
i	geschlossenes i	vielleicht	Dieb	cri	dire
o	geschlossenes o	Advokat	Sohle	pot	fosse
ɔ	offenes o	Ort	—	Paul	fort
ɔ̃	nasaliertes o	—	—	mon	nombre
ø	geschlossenes ö	—	schön	nœud	chanteuse
œ	offenes ö	öfter	—	œuf	fleur
œ̃	nasaliertes ö	—	—	parfum	humble
u	geschlossenes u	Mut	Uhr	goût	tour
y	geschlossenes ü, deutliche Lippenrundung	amüsieren	Mühle	aigu	mur

b) **Konsonanten**

Zeichen	Lautcharakteristik	Aussprache: verwandter deutscher Laut	Aussprache: französ. Beispiel
p	stimmlos, aber ohne nachfolgende Hauchung (Aspiration)	**p**latt	**p**aix
t		**T**opf	**t**able
k		**K**arte	**c**amp
f	stimmlos	**F**olge	**f**uir
s	,,	Ga**ss**e	**s**entir
ʃ	,,	**Sch**aden	**ch**anter
b	stimmhaft	**B**irne	**b**eau
d	,,	**d**ort	**d**roit
g	,,	**g**ehen	**g**ant
v	,,	**W**ein	**v**in
z	,,	**S**onne	mai**s**on
ʒ	,,	**G**enie	**j**e
j	wie deutsches j in „Jahr“	Champ**i**on	rat**i**on
l		**l**aden	**f**ou**l**er
r		**r**eichen	**r**onger
m		**M**ann	**m**ou
n		**n**ein	**n**ul
ɲ	mouilliertes n (n mit Mundstellung j)	Cham-pa**gn**er	co**gn**er
ŋ	nasaler Verschlußlaut, im Französischen nur in Fremdwörtern	—	meeti**ng** [mi'tiŋ]

c) **Halbvokale** (Halbkonsonanten)

w	gleitendes u	—	**ou**i
ɥ	gleitendes ü	—	m**u**et

Deux beaux mariages ratés

beau mariage *gute Partie, reiche Heirat*

Une malheureuse idée

Un jeune homme ayant dépensé tout son bien, jeta son dévolu sur la fille d'un riche financier.

– M. Robert, lui dit la jeune personne, voyez ce magnifique écrin! Je l'ai reçu de papa à l'occasion de ma fête qui aura lieu demain.

– Mlle Simone, je ne vous ferai pas l'injure de vous offrir des diamants, dit M. Robert. Ce serait porter de l'eau à la mer. Je vous enverrai un simple bouquet de roses, autant de roses que vous comptez de printemps.

– Vous savez mon âge? demanda Mlle Simone, un peu inquiète.

Elle avait vingt-quatre ans, mais en avouait vingt.

– Vous verrez, reprit M. Robert.

Il s'en fut chez la fleuriste.

– Ce soir même, lui dit-il, vous enverrez un bouquet de vingt roses à Mlle Simone Leblanc, avec ma carte que voici.

Lorsqu'il fut parti, la fleuriste dit à son mari:

– Nous ajouterons une dixaine de roses au bouquet commandé. M. Robert a toujours été un excellent client; ça lui fera plaisir!

Et voilà pourquoi le pauvre M. Robert n'a jamais épousé la riche Mlle Leblanc.

dépenser *ausgeben*
jeter son dévolu sur *sein Auge werfen auf*
écrin *m Schmuckkasten*
faire injure à q. *j–n beleidigen*
porter de l'eau à la mer *Eulen nach Athen tragen*
compter *zählen*
printemps *m Frühling, Lenz*
inquiet *beunruhigt*
avouer *einräumen, zugeben*
il s'en fut chez *er ging zu*
mari *m Ehemann*
ajouter *hinzufügen*
commander *bestellen*
client *m Kunde*
épouser *heiraten*

Malchance

malchance *f Pech*

– Est-ce que vous aimeriez autant ma fille si je ne lui donnais pas un sou?

demande un millionnaire au fiancé de sa fille unique.

fiancé *m Verlobter*
unique *einzig*

– Mais naturellement! répond le fiancé.

– Bon! eh bien, ça suffit comme ça, dit alors le millionnaire, je ne veux pas d'idiots dans ma famille.

Au service du client

au service *m* du client *Dienst am Kunden*

Bon commerçant

Un épicier vient d'engager un garçon. Il le surveille. Entre une dame:

épicier *m Lebensmittelhändler, Kaufmann*
surveiller *überwachen*
roquefort *m Schafkäse*

– Je voudrais du fromage de roquefort.

– Je regrette, madame, nous n'en avons plus.

La cliente se retire et le patron de s'écrier:

de s'écrier: *der historische Infinitiv mit* de *ist Verbum des Hauptsatzes*
vous n'y pensez pas! *wo denken Sie hin!*

– Mais, mon ami, vous n'y pensez pas! Quand on vous demande un objet qui n'est pas dans le magasin, proposez quelque chose d'analogue. Vous auriez dû dire:

analogue *entsprechend*

– Madame, nous n'avons pas de roquefort, mais nous avons du bon camembert, du brie, du gruyère.

gruyère *m Schweizer Käse*

Quelques instants après, arrive une autre cliente:

– Je voudrais du papier hygiénique.

papier *m* hygiénique *Toilettenpapier*

– Il ne nous en reste plus, madame, mais je puis vous fournir du papier d'emballage, du papier-filtre, du papier peint, du papier de verre...

p. d'emballage *Packpapier*
p.-filtre *Filterpapier*
p. peint *Tapete*
p. de verre *Sandpapier*

Poids insuffisant

Une dame arrive en trombe dans une épicerie:

en trombe *wie ein Wirbelwind*
épicerie *f Lebensmittelgeschäft*

– Je viens de vous envoyer mon petit garçon pour vous acheter un kilo de raisins, je le pèse et il n'y en a que sept cents grammes. Pouvez-vous me donner une explication?

– Pesez votre petit garçon, madame.

raisin *m Weintraube*
peser *wiegen*

Le trafic d'aujourd'hui

trafic [traˈfik] *m Verkehr*

Prudence élémentaire

Une jeune femme vient d'emboutir une voiture qui arrivait en face d'elle. Elle descend et demande naïvement au conducteur:

– Est-ce que c'est ma faute?

– Absolument pas, madame, c'est la mienne. Je vous avais vue arriver de loin et j'avais tout le temps d'aller me réfugier dans une rue transversale.

emboutir *rammen*
en face de *gegenüber*
descendre *aussteigen*
conducteur *m Fahrer*
se réfugier *(sich) flüchten*
rue *f* transversale *Querstraße*

Remerciement

remerciement *m Dank*

Une superbe Rolls est le long du trottoir, en stationnement interdit.

Et, tout près, une jeune femme qui la regarde.

L'agent s'approche:

– Cette voiture est à vous, Madame?

– Oh! non, Monsieur... Mais je vous remercie tout de même de me l'avoir demandé.

stationnement *m* interdit *Parkverbot*
agent *m* (= a. de police) *Polizist*
remercier q. *j-m danken*
tout de même *trotzdem*

Ruse

ruse *f Hinterlist*

A New York, deux voitures viennent de se télescoper, mais les chauffeurs sont indemnes. L'un d'eux va téléphoner à la police, puis sort de sa poche un

se télescoper F *ineinanderfahren, zusammenstoßen*
indemne [ɛ̃ˈdɛmn] *unversehrt*

flacon de whisky et le tend à l'autre. Celui-ci boit, puis rend le flacon à son propriétaire qui le remet dans sa poche.

– Vous ne buvez pas? demande-t-il étonné.

– Tout à l'heure... Après la prise de sang.

flacon *m Fläschchen*
tendre *reichen*
tout à l'heure *gleich, später*
prise *f* de sang *Blutentnahme*

Exagération

Au terme d'une folle poursuite, un motard a fait stopper l'automobiliste qui fonçait sur la route.

– Et alors, monsieur? Vous êtes fou? Vous faisiez du 140!

– Moi! s'écrie le chauffard, la main sur le cœur, moi du 140? Je ne faisais pas du 120! Qu'est-ce que je dis? Pas même du 100! Tenez, pas même du 90! Pas même du 80...

– Ça va, ça va! fait alors le motard, si vous continuez, vous allez finir par emboutir la voiture qui est derrière vous!

exagération [ɛgzaʒerɑˈsjɔ̃] *f Übertreibung*
terme *m Ende*
poursuite *f Verfolgungsjagd*
motard *m Motorradfahrer der Polizei*
foncer *rasen*
emboutir *rammen*

Belle raison

Le motard vient d'arrêter une voiture où se trouve un couple.

– Vos phares ne marchent pas.

Le conducteur rigole:

– Je sais!... ça fait plus de deux mois qu'ils sont bousillés.

– Donnez-moi votre permis de conduire.

– Mon permis? J'en ai pas.

Alors, la dame, qui n'a encore rien dit, s'écrie:

– Enfin, monsieur l'agent, vous ne pouvez pas le laisser tranquille? Vous ne voyez donc pas qu'il a un verre dans le nez?

motard *m Motorradfahrer der Polizei*
couple *m Pärchen*
phare *m Scheinwerfer*
rigoler F *Witze machen, herumalbern*
bousillé P *kaputt*
permis *m* de conduire *Führerschein*
avoir un verre dans le nez *betrunken sein*

Le matelas pneumatique

Un beau jour, Marie-Louise, que l'on appelle aussi Marilou, dit à Robert, également connu sous le nom de Bob:

– Tu ne sais pas, mon chéri, ce que nous ferons désormais les dimanches et jours de fêtes? Non, vraiment, tu ne le sais pas? Eh bien! Voilà, nous ferons du camping! Nous irons planter notre tente en pleine nature sauvage et là, durant vingt-quatre heures, oubliant la vaine agitation des villes, nous vivrons la libre vie de l'homme primitif!

– Mais nous n'avons pas de tente! objecta Bob.

– Si, nous en avons une, ou plutôt nous l'aurons. Les Hurleret veulent bien nous céder tout leur matériel de camping dont ils ont renoncé à se servir, je ne sais pourquoi, depuis qu'ils se trouvent privés de leur auto.

Dès le samedi suivant, semaine anglaise, tous deux se mirent en route, les reins chargés de sacs contenant au grand complet l'ancien matériel des Hurleret. Par une dérogation formelle aux usages en honneur chez l'homme primitif, le sac de Bob était sensiblement plus lourd que celui de sa compagne. C'est pourquoi, sans doute, il avait cru devoir faire, au départ, cette proposition:

– Si tu veux, ma bien-aimée, nous laisserons à la maison ce matelas pneumatique.

– Sur quoi coucherons-nous alors? demanda Marilou.

– Sur n'importe quoi... Par exemple sur un lit de fougères construit de nos

matelas *m* pneumatique *Luftmatratze*

un beau jour *eines schönen Tages*

désormais *von nun an, künftig*

faire du camping *zelten*
planter *aufstellen*
tente *f Zelt*
sauvage *wild*
vain *eitel, nichtig, leer*
agitation *f Unruhe;* F *Trubel*

objecter *einwenden*

céder *überlassen, abtreten*

semaine *f* anglaise: *heißt nach engl. Vorbild die Arbeitswoche, die am Sonnabendmittag endet*
se mettre en route *sich aufmachen*
reins [rɛ̃] *m/pl. Kreuz, Rücken*
au grand complet *ohne, daß etw. fehlt;* F *mit allem Drum und Dran*
dérogation *f Abweichung* (*von*), *Verstoß* (*gegen*)
usage *m Sitte, Brauch*
être en honneur *in Ehren stehen*
compagne *f Gefährtin*

coucher *liegen; schlafen; übernachten*

fougère [fu'ʒɛːr] *f Farnkraut*

mains et dont l'odeur sylvestre parfumera notre sommeil.

Mais Marie-Louise préférait voir son sommeil parfumé au caoutchouc. Robert dut donc placer le matelas sur son sac, en excédent de bagages.

C'est par le métro aujourd'hui qu'on se rend le plus commodément au sein de la nature sauvage. Une ligne banlieusarde emmena les campeurs jusqu'à vingt kilomètres au delà de Paris, après quoi il leur suffit de marcher encore une heure ou deux pour se trouver en pleine forêt vierge. Le temps d'installer la tente, de déballer le matériel, d'éventrer la boîte de sardines consacrée au dîner, l'heure du repos était arrivée. C'est alors que Marilou s'avisa de la chose.

– Tu as oublié la pompe! dit-elle.

– La pompe?

– Oui, la pompe pour gonfler le matelas pneumatique.

– Tiens! C'est vrai! Eh bien! Tant pis pour le matelas, nous coucherons sur le lit de bruyères dont j'avais parlé.

Mais Marie-Louise avait une autre idée.

– On pourrait peut-être le gonfler en soufflant dedans, dit-elle. Essaie!

Bob emboucha la valve et se mit à souffler avec tant de vigueur qu'à voir son visage congestionné aux veines distendues par l'effort, on ne savait plus, du matelas ou de lui, lequel gonflait l'autre. De temps en temps, il s'arrêtait pour reprendre haleine.

– Encore un peu! disait alors Marilou, inspirée sans doute par le souvenir de la fable fameuse du matelas qui veut se faire aussi gros que le bœuf.

sylvestre *waldig*

caoutchouc [kautˈʃu] *m Kautschuk; Gummi*

excédent *m Übergewicht; Zugabe*
métro F *m U-Bahn*
sein [sɛ̃] *m Busen*
ligne *f* banlieusarde *Vorortlinie*
emmener [ɑ̃mˈne] *wegführen, bringen*
campeur *m Freund des Zeltens*

forêt *f* vierge *Urwald*
le temps d'installer ... *als sie mit dem Einrichten ... fertig waren*
déballer *auspacken*
éventrer *ausweiden; fig. gewaltsam aufbrechen*
s'aviser de qch. *etw. bemerken*

gonfler *aufblasen, -pumpen*

bruyère [bryˈjɛːr] *f Heidekraut*

souffler *blasen, pusten*
emboucher *in den Mund nehmen*
valve *f Ventil*
qu'à voir ... *daß, wenn man ... sah,*
congestionné [kɔ̃ʒɛstjɔˈne] *vom Blutandrang aufgequollen*
distendre *überdehnen*

reprendre haleine *wieder Atem schöpfen*

fameux *berühmt* (*die „berühmte Fabel" spricht natürlich von dem Frosch, der so groß werden wollte wie der Ochse*)

Lorsque le souffleur eut épuisé les dernières ressources de ses poumons, elle éprouva l'élasticité de la couche portative et dit:

– Ça va!

Mais quand Bob se fut étendu auprès d'elle, ça n'alla plus. Le matelas, assez gonflé pour une personne seule, s'affaissait misérablement sous le poids d'un couple.

– Tu n'as pas soufflé assez fort, dit Marilou.

– Reste sur le matelas, dit Robert conscient de ses torts, je coucherai à côté.

Malheureusement, la tente était tout juste assez large pour contenir le matelas. Il n'y avait pas place à côté.

– Qu'à cela ne tienne, dit encore Bob, je passerai la nuit dehors, sur mon lit de fougères.

Il ne s'endormit pas tout de suite, à cause des moustiques qui lui piquaient le visage et les mains, et aussi à cause de la fougère qui le piquait un peu partout. A la fin, cependant, le sommeil le gagna, d'autant plus délicieux qu'il s'était fait plus longtemps attendre… Et soudain, un cri le fit sursauter.

– Robert! Viens voir, je crois qu'il se dégonfle! disait Marilou.

– Qu'est-ce qui se dégonfle? fit Bob mal réveillé.

– Le matelas! … Je commence à sentir toutes les aspérités du sol… Sois gentil, mon petit Bob, viens le souffler encore un peu, après cela tu seras tranquille… Tu seras tranquille pendant au moins deux heures, c'est le temps qu'il lui faut pour se dégonfler, à cet idiot de matelas! *Bernard Gervaise*, «*Lisez-moi*»

épuiser *erschöpfen*
ressource *f Hilfsquelle, Mittel*
éprouver *probieren*
couche *f Bett; Lager*
portatif *tragbar*
s'étendre *sich ausstrecken*
s'affaisser *zusammensinken*
misérable *kläglich*
conscient [kɔ̃ˈsjɑ̃] *bewußt*
tort *m Fehler; Unrecht*
qu'à cela ne tienne *daran soll es nicht liegen; das macht nichts*
moustique [muˈstik] *m Stechmücke*
le sommeil le gagna *der Schlummer überwältigte ihn*
sursauter *auffahren*
se dégonfler 1. (*von Aufgeblasenem*) *sich entleeren, die Luft verlieren;* 2. P *Angst bekommen*
aspérité *f Unebenheit*
cet idiot de matelas F *diese idiotische Matratze*

Pas drôle

Une famille part en vacances, écrasée sous le poids des bagages. «Nous aurions dû prendre le piano», dit le mari en arrivant à la gare. «Cesse d'être drôle», répond la femme. «Je n'ai pas voulu être drôle», dit le mari. «J'ai oublié les billets dessus.»

drôle *komisch, albern*
vacances *f/pl. Ferien*
écraser *erdrücken*
dû *p. p. von* devoir *müssen, sollen*
cesser *aufhören*
billet *m Fahrkarte*

Les pauvres maris

Dix ans après

Le 10 janvier 1948, il avait entre les mains une petite feuille de papier sur laquelle était écrit: Mon chéri, je t'aime, et j'ai hâte que nous soyons mariés...

Le 10 janvier 1958, il avait entre les mains une petite feuille de papier sur laquelle était écrit: Deux kilos de pommes de terre, six œufs, deux bouteilles de vin, une livre d'oignons...

avoir hâte *es sehr eilig haben*
oignon [ɔˈɲɔ̃] *m Zwiebel*

Moins onéreux

Un mari rentrant chez lui, trouve sa femme en larmes.

– Qu'est-ce qui t'arrive, ma chérie?

– C'est affreux. Je viens de croiser notre voisine de palier. Elle a exactement la même robe que moi.

– Toi, je te vois venir, tu vas me demander de t'en acheter une autre.

– Je n'ai pas dit ça, mon chéri, mais, tout compte fait ça serait plus simple et moins onéreux que de déménager.

onéreux *kostspielig*
affreux *schrecklich*
croiser q. *j-m begegnen*
voisine *f* de palier *Flurnachbarin*
je te vois venir F *ich sehe (schon), worauf du hinauswillst*
tout compte fait *alles in allem*
déménager *umziehen*

Mauvais sang

A peine rentrée des sports d'hiver, Danielle s'est précipitée chez son couturier pour se commander une robe. Et Jean, son mari, ronchonne.

– Dire qu'avant notre mariage tu m'avais juré de partager tous mes soucis!

– Eh bien! c'est ce que je fais!

– Comment cela! Tu sais pourtant que mon compte en banque est à sec, et tu te commandes quand même une nouvelle robe...

– Oui, mon chéri... mais si tu savais le mauvais sang que je me fais en me demandant comment tu vas pouvoir la payer!

couturier *m Schneider*
ronchonner *nörgeln*
dire que *wenn man bedenkt, daß*
être à sec *keinen Pfennig mehr haben, Konto: leer sein*
se faire du mauvais sang *sich Sorgen machen*

Moins amusant

On livre un chapeau à Mme Dupont qui l'essaie devant son mari. Celui-ci se met à rire, et de plus en plus fort, sans pouvoir s'arrêter. Mme Dupont, inquiète, se tourne vers la modiste:

– Vite, mademoiselle, dites-lui le prix!

inquiet *unruhig, besorgt*
modiste *f Putz-, Hutmacherin*

Points de vue

point *m* de vue *Gesichtspunkt*

L'impression

– Quelle impression éprouve-t-on quand on assiste à l'inauguration de sa propre statue? demandait-on à une célébrité dont on venait d'honorer officiellement les mérites.

– Eh bien! je peux vous dire une chose, répondit le grand homme: on

éprouver *empfinden*
inauguration *f Einweihung*
célébrité *f Berühmtheit*
mérite *m Verdienst*

commence à regarder les pigeons d'un tout autre œil.

pigeon *m Taube*

La différence

– Un chat noir porte-t-il malheur? demandait-on l'autre jour à un célèbre professeur.

– Cela dépend, répondit-il, si l'on est un homme ou une souris.

porter malheur *Unglück bringen*
célèbre *berühmt*
souris *f Maus*

Plus difficile

Maître Durand a reçu la visite du courtier d'une compagnie lui proposant de l'assurer contre la grêle. Il a fort mal accueilli ce solliciteur.

Or, le lendemain, en passant en carriole devant la ferme de son compère, Maître Dubois, il en a vu sortir le même courtier qui, tout de suite, regrimpé dans une petite cinq chevaux, a eu tôt fait de disparaître à l'horizon. Maître Durand a voulu en avoir le cœur net et savoir si son compère avait, lui aussi, renvoyé bredouille le marchand de belles paroles et d'onéreuses propositions.

Mais, à sa très grande surprise, Maître Dubois lui avait appris qu'il avait, en effet, contracté une assurance contre la grêle.

– Voyons, mon père Durand, toi-même, tu es bien assuré contre l'incendie!

Mais, inébranlable, Maître Durand a répliqué:

– Ah! contre l'incendie, ce n'est point du tout la même chose! Contre l'incendie, ça peut servir, une mauvaise année, par exemple, où toute la culture a raté.

courtier *m Agent, Makler*
assurer *versichern*
grêle *f Hagel*
fort *hier: stark im Widerstand*
solliciteur *m Bittsteller*
carriole *f zweirädrige Halbkutsche*
compère *m Kumpan*
regrimper *wieder einsteigen*
une cinq chevaux *ein Auto von 5 PS*
en avoir le cœur net *darüber ins klare kommen*
bredouille *unverrichteterdinge*
onéreux *mit Kosten verbunden*
contracter *abschließen*
assurance *f Versicherung*
incendie *m Feuer(sbrunst)*
inébranlable *unerschütterlich*
la même chose *dasselbe*
rater *fehlschlagen, mißraten*

Mais contre la grêle? Et d'abord, toi qui es si malin, comment t'y prends-tu pour la faire tomber, la grêle?

malin, -gne *schlau, gerissen*
s'y prendre *es fertigbringen*

Histoires juridiques

A la Saint-Glin-Glin

à la Saint-Glin-Glin *etwa: am Jüngsten Tag*

Un jugement peu banal, destiné peut-être à faire jurisprudence, a été rendu récemment par un tribunal de simple police de Paris.

banal *alltäglich*
faire jurisprudence *geltendes Recht schaffen*
rendre un jugement *ein Urteil fällen*

Un débiteur avait, en se moquant, promis à un créancier qui le harcelait, de le payer à la Saint-Glin-Glin. Flanqué de témoins qui avaient entendu la promesse désinvolte, mais formelle, le créancier porta l'affaire devant le tribunal, qui rendit le jugement suivant:

débiteur *m Schuldner*
se moquer *sich lustig machen, spotten*
créancier *m Gläubiger*
'harceler *bedrängen, quälen*
flanquer *unterstützen*
désinvolte *frech*

«Attendu que la Saint-Glin-Glin ne figure pas dans le calendrier, mais qu'il existe à la date du 1er novembre une fête collective de tous les saints qui n'ont pu y trouver place,

– Attendu en conséquence, qu'il y a lieu de fixer au 1er novembre la date de la Saint-Glin-Glin,

– Par ces motifs, contradictoirement et en dernier ressort, condamnent le débiteur à payer la somme réclamée avant le 1er novembre et qu'à défaut...», etc.

attendu que *in Anbetracht dessen, daß*
calendrier *m Kirchenjahr der Heiligen*
contradictoirement *adv. nach Anhörung der Parteien*
en dernier ressort *in letzter Instanz*
à défaut *im Versäumnisfall*

Un amateur

Paternel, le juge demande au petit garçonnet qui est devant lui et qui tient bien sagement sa casquette à la main:

– Voyons, mon petit? ... Suppose que tes parents se séparent ... lequel

juge *m Richter*
garçonnet *m kleiner Junge*
supposer *voraussetzen*

d'entre eux aimerais-tu suivre: ton papa ou ta maman?

Et sans une seconde d'hésitation, le gosse répond:

– Celui qui gardera la télé...

hésitation *f Zögern*
gosse F *m (kleines) Kind*
télé F *f* (= télévision) *Fernseher*

Inexpérience

inexpérience *f Unerfahrenheit*

Une dame patronnesse visitait l'autre jour les détenus d'une prison et, après leur avoir remis à chacun quelques brochures édifiantes, elle commence à s'enquérir de leur situation particulière. Avisant un vieillard au noble visage, elle lui demande:

– Voyons, mon ami, pour quelle raison êtes-vous ici?

Le vieux fait un geste vague.

– L'inexpérience de la jeunesse, dit-il.

– La jeunesse! répète la dame interloquée. Mais ... vous avez au moins soixante ans...

– Sans doute. Mais mon avocat n'en avait que vingt-cinq!

dame *f* patronnesse *Vorstandsdame (v. e-m Wohltätigkeitsverein usw.)*
détenu *m Häftling*
remettre *überreichen*
édifiant *erbaulich*
s'enquérir de *sich erkundigen nach*
aviser *bemerken*
interloqué *verdutzt*

Eclaircissement

éclaircissement *m fig. Erleuchtung*

– Vous êtes accusé de coups et blessures, dit le juge. Pourquoi avez-vous maltraité le plaignant?

– Il m'a traité d'hippopotame, monsieur le Juge.

– Et quand ça?

– Il y a un an environ, monsieur le Juge.

– Comment, il y a un an? Mais l'affaire remonte à trois mois!

– Oui, monsieur le Juge, mais ça fait seulement trois mois que j'ai vu un hippopotame pour la première fois.

coups et blessures *Körperverletzung*
maltraiter *mißhandeln*
plaignant *m Kläger*
traiter q. de *j-n nennen, betiteln*
hippopotame *m Nilpferd*
remonter à *zurückliegen*
vu *p. p. von* voir *sehen*

Le doute

Un avocat défend son client accusé du meurtre de 10 femmes: «Messieurs les jurés, si vous croyez un instant que l'une des 10 femmes pour le meurtre desquelles mon client est poursuivi n'est pas morte, si vous avez un instant de doute, vous ne le condamnerez pas. Eh bien! messieurs, à votre droite, une porte va s'ouvrir et vous verrez apparaître une de ces femmes.» La porte s'ouvre. Pas de femme. Mais tous les jurés ont tourné la tête. «Messieurs, reprend l'avocat, vous avez eu un instant de doute. Je suis sûr que vous acquitterez mon client.» Les jurés délibèrent; verdict: sentence de mort. L'avocat, d'un air bouleversé, demande une explication et un juré lui répond: «Certes, nous avons tous tourné la tête, mais votre client, lui, n'a pas eu un regard pour la porte.»

meurtre *m Mord*
juré *m Geschworener*
poursuivre (*gerichtlich*) *verfolgen*
instant *m Augenblick*
condamner [kɔ̃daˈne] *verurteilen*
reprendre *hier: fortfahren*
acquitter [akiˈte] *freisprechen*
délibérer *beraten*
verdict [vɛrˈdikt] *m Urteilsspruch*
sentence *f* de mort *Todesurteil*
bouleverser *fig. erschüttern*
certes *adv. gewiß, wahrlich*

Un bon avocat

L'accusé est devant le juge d'instruction qui proteste, l'air pas content du tout!

– Mais enfin, mon ami, oui ou non, m'avez-vous avoué l'autre jour que vous aviez commis ce vol?

– Je vous l'ai avoué.

– Et maintenant vous niez!... Pourquoi?

– Parce que mon avocat ... a réussi à me convaincre de mon innocence...

juge *m* d'instruction *Untersuchungsrichter*
avouer *gestehen*
vol *m Diebstahl*
nier *leugnen*
innocence *f Unschuld*

Assez de temps

Un juge s'adresse à l'accusé: «Pouvez-vous prouver votre innocence?

accusé *m Angeklagter*
prouver *beweisen*
innocence *f Unschuld*

– Bien sûr, dit l'accusé, mais laissez-moi le temps de la réflexion.

– D'accord, fait le juge, cinq ans.»

réflexion *f Überlegung, Nachdenken*
d'accord *einverstanden*

Chez le dentiste

Dans une œuvre de jeunesse qui vient d'être rééditée sous le titre de «Pirouettes», Marcel Pagnol, le célèbre auteur de «Topaze» et de «Marius», nous raconte l'aventure de sa première visite chez le dentiste:

Bien que n'ayant nullement l'intention de se faire soigner lui-même, Pagnol, jeune étudiant, y accompagne son ami Peluque, le «philosophe», qui, selon les apparences, souffre d'atroces maux de dents. A peine entré dans le salon d'attente du praticien, le «philosophe» se met à écrire, en utilisant le papier à lettres que le dentiste, M. Barlaton, a mis sur la table, à l'usage de ses clients. Il y a un va-et-vient incessant de «victimes»...

rééditer *neu herausgeben*
Pagnol, Marcel (*geb. 1895*), *frz. Dramatiker u. Filmautor; Mitglied d. Académie française*
aventure *f Abenteuer*
soigner *behandeln*
selon les apparences (*f/pl.*) *augenscheinlich*
atroce *grausam; gräßlich*
salon *m* d'attente *Wartezimmer*
praticien *m Arzt*
client *m Patient; Kunde*
va-et-vient *m Kommen und Gehen*
incessant *unaufhörlich*

La fraise se remit à ronronner de l'autre côté. Cette atmosphère me pesait. Au fond de ma bouche, une dent de sagesse s'effritait depuis quelques mois. Elle m'avait déjà procuré bien des nuits affreuses. Mais un déplorable manque de courage me faisait fuir les dentistes, ces bourreaux bienveillants et cupides.

A me sentir si près de l'homme qui pouvait me délivrer des rages futures, je songeai: «Ça ne doit pas être bien terrible! Peluque écrit paisiblement en attendant son tour. Ce Barlaton lui a

fraise *f Fräse; Bohrer*
se remettre à *wieder beginnen*
ronronner *schnurren*
peser *bedrücken, lasten auf*
dent *f* de sagesse *Weisheitszahn*
s'effriter *zerbröckeln*
affreux *schrecklich, abscheulich*
déplorable *beklagenswert*
bourreau *m Henker; hier fig.: Schinder*
cupide *habgierig*
délivrer *befreien*
rage *f hier: rasender Schmerz*
songer *nachsinnen; überlegen*
attendre son tour *warten, bis man an der Reihe ist*

peut-être déjà arraché quelques molaires? Je vais lui demander ses impressions.» Je me penchai vers le philosophe, qui calligraphiait une épître à sa Lucie:

– Est-ce que tu souffres des dents?

Il ne leva pas la tête, mais répondit avec calme:

– Pas en ce moment.

– Ah! moi aussi, j'aurais besoin de voir un dentiste! J'ai une dent de sagesse qui me tourmente bien fort la nuit.

– Fais-la arracher.

– Est-ce bien douloureux?

– Pas du tout. On ne sent rien.

Il écrivait toujours, tranquille et grave.

– Est-ce que ce dentiste est habile?

– Je ne sais pas, dit-il, en séchant sa page d'un buvard moelleux.

– Comment? Tu ne sais pas? Enfin, tu dois bien savoir si tu en es content!

– Oh! Pour moi, j'en suis très content. Beau papier à lettres. La bonne est polie.

– Il y a longtemps que tu viens ici?

– Quatre mois.

Il se remit à écrire.

– Et au bout de quatre mois de traitement, m'écriai-je, tu n'es pas capable de juger ce praticien?

– Tu es épatant! répliqua-t-il avec impatience. Je ne l'ai jamais vu que sur la porte! Est-ce que tu n'as pas encore compris que je n'ai pas mal aux dents! Tu ne vois pas que je viens faire ici ma correspondance et me tenir au courant du mouvement littéraire? Quand mon tour vient, il est naturel que je n'en profite pas! Et quand il n'y a personne, je fous le camp.

arracher *ausreißen;* (*heraus-*) *ziehen*
molaire *f Backenzahn*
épître *f Epistel*
tourmenter *quälen*
douloureux *schmerzhaft*
habile *geschickt*
sécher *trocknen*
buvard *m Löschpapier*
moelleux [mwa'lø] *weich*
poli *höflich*
traitement *m Behandlung*
épatant *großartig*
foutre le camp P *abhauen*

Le philosophe et le narrateur se mirent à s'insulter au point que ce dernier oublia qu'il se trouvait chez un dentiste. Quand il s'en souvint, il se hâta vers la porte: elle s'ouvrit et la face de M. Barlaton parut:

Le dentiste s'inclina et fit son sourire aimanté. Mais il sourit en vain. Je feignis d'examiner avec intérêt un abominable chromo tandis que Peluque soulevant un coin du rideau de la fenêtre faisait de grands signes d'amitié à un passant imaginaire.

– Le premier de ces messieurs? dit M. Barlaton.

Mes genoux fléchirent:

– C'est moi, dis-je, mais je vous affirme qu'en entrant ici...

– Je sais, dit M. Barlaton, avec un sourire. Je sais. Vous êtes venu très décidé, et, maintenant, vous avez peur.

Peluque dit amicalement:

– Tout à l'heure, il se plaignait d'une dent de sagesse.

– Une dent de sagesse! s'écria Barlaton en levant le bras au ciel. De la mâchoire supérieure, je parie?

– Oui! dis-je résolument. Mais je ne veux pas la faire arracher.

– Pourquoi croyez-vous que je tienne à vous l'arracher? D'ailleurs, nous avons de nouvelles piqûres qui suppriment absolument toute douleur. Une ampoule d'Endormol, et le tour est joué! Mais puisque vous n'y tenez pas, nous allons seulement l'examiner...

Je ne dirai point ici, car j'ai de l'amour-propre, comment il me persuada que cette dent me conduirait à la carie du maxillaire, accompagnée d'un phlegmon, aggravée par une putré-

narrateur *m Erzähler*
insulter *beleidigen*
au point que *derart daß*
se hâter vers qch. *auf etw. zueilen*
s'incliner *sich verbeugen*
aimanté *magnetisch*
feindre [fɛ̃:dr] de *so tun (sich stellen), als ob*
abominable *schauerlich*
chromo *m Farbdruck*
soulever *hochheben*
le premier de ces messieurs *der nächste Herr bitte (in der Frage: welcher Herr ist zuerst an der Reihe?)*
fléchir *nachgeben; fig. weich werden*
affirmer *versichern*
mâchoire *f* supérieure *Oberkiefer*
parier *wetten*
tenir à faire qch. *Wert darauf legen, etw. zu tun; etw. durchaus tun wollen*
piqûre *f Spritze*
ampoule *f Ampulle*
et le tour est joué *und das Kunststück ist fertig; und die Sache hat geklappt*
j'ai de l'amour-propre *ich habe meinen Stolz*
persuader *überzeugen*
carie *f Karies*
phlegmon [flɛgˈmɔ̃] *m eitrige Entzündung*
aggraver *erschweren, verschlimmern*
putréfaction *f Fäulnis*

faction partielle des os du crâne, et couronnée par la décomposition totale dans l'obscurité du cercueil. J'oubliai Peluque; je suivis l'horrible Barlaton jusqu'au diabolique fauteuil.

Pour détourner mon attention, le bourreau parlait abondamment. Il m'expliquait le fonctionnement de la linotype, tout en emplissant de poison sa petite seringue. Puis il compara les combats de boxe aux jeux du cirque romain, et me transperça les gencives. Tandis que l'anesthésique agissait, il conta une histoire salée en faisant de grands éclats de rire. Tout cela très vite, avec les mines de quelqu'un qui prend un grand intérêt à la conversation. Mais je n'entendais qu'un lointain murmure, et je crevais littéralement d'une peur abjecte. Une rancune féroce s'amassait en moi contre cet ignoble Peluque. Je résolus de le gifler publiquement. Ma haine croissait à chaque seconde, avec ma peur.

Soudain, l'affreux Barlaton prit un davier, bondit sur une mystérieuse pédale, fit basculer le fauteuil en arrière, et jetant son masque d'interlocuteur, m'ouvrit la bouche avec d'effrayantes grimaces. Ma terreur fut si grande que je ne pus crier. Je fermai les yeux. Quand je les ouvris, je vis au bout du davier un petit os à peine rouge. M. Barlaton me tendait un verre à l'odeur exquise. Le monde changea de couleur; j'étais délivré.

Brave Barlaton! Comme il était habile, et sympathique et blond! Quelle face agréable! Quel sourire amical! Le beau davier sur le plateau mobile brillait de tout son nickel. Le

partiel *partiell, Teil...*
crâne *m Schädel*
décomposition *f Verwesung*
cercueil [sɛrˈkœːj] *m Sarg*
détourner *ablenken*
linotype [linɔˈtip] *f Setzmaschine*
emplir *füllen*
seringue [səˈrɛ̃ːg] *f Spritze*
gencives *f/pl. Zahnfleisch*
anesthésique *m Betäubungsmittel*
salé *fig. gepfeffert*
crever *bersten, platzen*
littéralement *adv. buchstäblich*
abject *gemein; verachtenswert*
rancune *f Groll; Rachsucht*
féroce *grimmig; blutdürstig*
s'amasser *sich anhäufen*
ignoble [iˈɲɔbl] *schändlich, gemein*
gifler *ohrfeigen*
croître *zunehmen*
davier [daˈvje] *m Zahnzange*
bondir *(auf)springen*
basculer *umkippen*
jeter le masque *die Maske abwerfen*
interlocuteur *m Gesprächspartner*
effrayant [efrɛˈjɑ̃] *fürchterlich*
tendre *reichen*
exquis *erlesen; wunderbar*
être délivré *erlöst sein*

fauteuil mécanique, commode et accueillant, reprit sa position normale. Je souris. Je causai. Je payai. Je sortis.

Peluque n'était plus dans la salle d'attente. Bon Peluque! Je lui devais un peu de reconnaissance; sans lui, je ne serais pas venu là. Toutefois, il me sembla que j'avais depuis longtemps décidé de subir cette anodine opération. Mais, enfin, il m'avait tout de même fourni l'occasion. Je le retrouvai sur la plaine. Il était assis sur un banc, et il surveillait la porte du dentiste. Dès qu'il me vit, il se mit à rire, et dit:

– Comment t'en es-tu tiré?

– Fort bien, dis-je, d'un ton naturel. Quand on va se faire arracher une dent, il n'y a pas deux manières de s'en tirer!

– Il t'a arraché ta dent?

– Qu'y a-t-il d'extraordinaire? J'en suis débarrassé, et je n'ai rien senti.

Je crachai une salive rougeâtre, qui confirma mes dires. Peluque me regarda avec admiration.

(*Pirouettes. Édit. Fasquelle, Paris.*)

accueillant [akœ'jɑ̃] *einladend*
causer *plaudern*
devoir *schulden*
reconnaissance *f Dankbarkeit*
toutefois *(je)doch*
subir une opération *sich e-r Operation unterziehen*
anodin *harmlos*
tout de même *immerhin*
surveiller *überwachen*
s'en tirer *sich aus der Affäre ziehen*
être débarrassé de qch. *etw. los sein*
cracher *ausspucken*
salive *f Speichel*
rougeâtre [ru'ʒɑːtr] *rötlich*
dires *m/pl. Aussage; Gerede*

La veuve scrupuleuse

En prenant place dans le fauteuil du dentiste, elle tire de son annulaire une alliance en or massif assez joliment ciselée.

– Pourriez-vous utiliser ceci pour me faire une dent?

Le praticien examine la bague.

– C'est faisable, madame, mais ne le regretterez-vous pas? Cette alliance est d'un grand prix. Ne préféreriez-vous pas que j'emploie notre or habituel?

scrupuleux *gewissenhaft, peinlich genau*
annulaire *m Ringfinger*
alliance *f Trauring*
or *m Gold*
ciseler *ziselieren*
utiliser *verwenden*
praticien *m Arzt*
bague *f Ring*
faisable *durchführbar*, F *zu machen*
habituel *gewöhnlich*

– Hélas! non, répond mélancoliquement la dame. Voyez-vous, j'ai promis à mon premier mari, avant sa mort il y a trois ans, que je porterais toujours son alliance. Je me remarie la semaine prochaine et l'homme que j'épouse m'a fait promettre qu'après la cérémonie je ne porterais plus que la sienne! Ce que je vous demande représente la seule façon pour moi de tenir la promesse ... à l'un et à l'autre.

'hélas *leider*
promettre *versprechen*
se remarier *sich wiederverheiraten*
épouser *ehelichen, heiraten*
représenter *darstellen*
la seule façon *die einzige Art, Möglichkeit*
tenir la promesse *das Versprechen halten*

Expériences avec médecins

Bon conseil

Haletant, essoufflé, le gros homme parvient au cinquième étage:

– Docteur, dites-moi ce qu'il faut que je fasse pour me débarrasser de mon asthme et de mon essoufflement?

– A mon avis, il faudrait que vous mangiez moins, pour perdre à peu près 30 livres, que vous cessiez de fumer et de boire du bon vin. En outre, vous devriez aussi vous procurer des lunettes afin de pouvoir lire la pancarte quand vous cherchez le médecin. Il habite l'étage au-dessous. Moi, je suis architecte.

'haleter [al'te] *keuchen*
essoufflé *außer Atem*
se débarrasser *sich befreien; loswerden*
essoufflement *m Atemnot*
cesser *aufhören*
procurer *beschaffen*
lunettes *f/pl. Brille*
pancarte *f Schild*

Respect

– Docteur, qu'avez-vous pour mes rides?

– Le plus profond respect, madame.

ride *f Falte*

Sincère

Un célèbre médecin racontait, au cours d'un dîner mondain, qu'il avait

sincère *aufrichtig*

longtemps hésité, dans sa jeunesse, entre la peinture et l'art de guérir.

Comme on lui demandait pourquoi il avait choisi la médecine, il répondit froidement:

– Dans la peinture, toutes les fautes restent exposées à la vue, tandis que dans la médecine, elles sont enterrées avec le malade.

hésiter *schwanken*
peinture *f Malerei*
guérir *heilen*
exposer *aussetzen*
enterrer *begraben*

Conclusion

Un médecin de village allait visiter un malade au village voisin. Il prit avec lui un fusil pour chasser en chemin et se désennuyer. Un paysan le rencontre, et lui demande où il allait.

– Voir un malade.

– Avez-vous peur de le manquer?

fusil *m Gewehr*
se désennuyer *sich die Zeit vertreiben*
manquer *verfehlen, nicht erwischen können*

Convalescence

convalescence *f Genesung*

Deux semaines après avoir été opéré, M. Dupont reçoit la visite de son chirurgien. Brève auscultation et sourire satisfait du praticien.

– Vous voilà complètement rétabli, cher monsieur.

– Merci, docteur... Et, bien entendu, plus besoin de régime?

– Non... Mangez ce qui vous plaira.

– Bravo! Maintenant puis-je vous demander, docteur, le montant de vos honoraires? Le chirurgien se récuse avec un sourire.

– Plus tard, cher monsieur, dit-il. Vous êtes guéri. Mais pas au point de tout supporter.

chirurgien *m Chirurg*
auscultation *f Abhorchen; Untersuchung*
rétablir *wiederherstellen*
régime *m Diät*
montant *m Betrag*
se récuser *sich für unzuständig erklären; fig. abwehren*
au point de *so weit (sehr, gut, vollständig usw.), daß*
supporter *ertragen, überstehen*

Malentendu

Pendant l'auscultation, un médecin dit à sa patiente:

– Madame, votre cœur est tout à fait normal. Je donnerais beaucoup pour avoir ce cœur.

– Mais Docteur, je vous en prie, je suis encore libre...

auscultation *f Untersuchung*
patiente *f Patientin*

Calcul

calcul *m fig. Berechnung*

Le médecin d'un petit village, dont les affaires n'étaient guère florissantes, était assis, solitaire, dans son cabinet. Sa bonne vint le prévenir:

– Il y a une bande d'enfants grimpés dans vos arbres et qui mangent toutes vos pommes vertes. Dois-je les chasser? Le médecin réfléchit un instant.

– Non, dit-il.

florissant *blühend*
être assis *sitzen*
solitaire *einsam*
cabinet *m Praxis, Arbeitszimmer*
grimper *klettern*
chasser *verjagen*
réfléchir *nachdenken*

Grand embarras

embarras *m Verlegenheit*

Mme Dufour est atteinte à la fois d'un mal de gorge et d'un mal d'estomac.

Elle va trouver un docteur et lui expose son double cas.

– Voilà, dit l'homme de l'art, pour votre gorge il vous faut quelque chose de doux, des sirops.

– Oui, mais ça me fera mal à l'estomac.

– Naturellement, pour votre estomac, il vous faut une boisson fortifiante.

– Oui, mais alors ça me fera mal à la gorge.

– Ah! sapristi, s'écria le docteur impatienté, vous en demandez trop; voyons, décidez-vous, choisissez: où aimez-vous mieux avoir mal? à la gorge ou à l'estomac?

atteindre de *leiden an*
gorge *f Hals*
estomac *m Magen*
exposer *auseinandersetzen*
fortifiant *stärkend*
sapristi! *potztausend!*
impatienté *ungeduldig*
se décider *sich entscheiden*

Econome

– Croyez-vous, demandait un jour un malade à son médecin, que cette opération soit absolument nécessaire? Elle me coûtera cher!

– Préférez-vous faire les frais d'un enterrement?

– Non, non; mais surtout je ne voudrais pas payer les deux!

coûter cher *viel kosten*
frais *m/pl. Kosten*
enterrement *m Beerdigung*

Preuve

preuve *f Beweis*

Adrien doit se faire opérer, mais il a une peur terrible.

– Il n'y a pas de quoi avoir peur, dit sa femme. Le docteur demande 5.000 francs. Pour ce prix-là, il n'y a jamais d'opération dangereuse!

terrible *furchtbar*
il n'y a pas de quoi *es gibt keinen Grund*

Conséquence

– Dites-moi, docteur, pourquoi interrogez-vous vos malades si minutieusement sur les vins qu'ils boivent?

– Pour m'assurer de leur situation de fortune, cher ami, et établir ma note en conséquence.

interroger sur *fragen nach*
minutieux *sehr genau*
situation *f* de fortune *Vermögenslage*
établir une note *eine Rechnung ausstellen*

Formules passe-partout

formule *f* passe-partout *Patentlösung*

Mouvement perpétuel

perpétuel *ständig, fortwährend*

Au Nouveau-Mexique, il y a beaucoup de fermiers pauvres. Un touriste interroge un jour l'un d'eux.

– Comment faites-vous marcher vos affaires? Le fermier montre du doigt son seul ouvrier et dit:

fermier *m Bauer*
interroger *befragen*
montrer qch. du doigt *mit dem Finger auf etw. weisen*
ouvrier *m Arbeiter*

– Vous le voyez? Il fait tout le travail ici, et moi, je ne peux pas le payer. Si bien qu'au bout de deux ans, je lui dois tellement que la ferme est à lui. Alors, il m'engage et je fais tout le travail jusqu'à ce que la ferme soit de nouveau à moi, et nous continuons.

devoir *schuldig sein, schulden*
ferme *f Bauernhof*

Plus sûr

Un jeune homme se présente chez une dame qui a une chambre à louer.

– ... Et puis, vous savez, dit-il fièrement, c'est inutile que vous perdiez votre temps à prendre des renseignements sur mon compte: c'est simple, ma dernière logeuse, à l'annonce de mon départ, a éclaté en sanglots! ...

– Oh! fait la dame, ça ne risquera pas de m'arriver: je fais toujours payer le loyer d'avance!

louer *vermieten*
fier [fjɛ:r] *stolz*
prendre des renseignements *Erkundigungen einziehen*
sur mon compte *was mich betrifft, über mich*
logeuse *f Wirtin*
éclater en sanglots *in Schluchzen ausbrechen*
loyer *m Miete*
d'avance *im voraus*

Sans gêne

sans gêne *ungeniert*

Mme Dupont ne quitte pas la cabine téléphonique où elle feuillette depuis une demi-heure déjà l'Annuaire officiel. On fait la queue devant la cabine et elle ne sort toujours pas. Enfin, un monsieur perdant patience, ouvre la porte, entre et lui demande poliment:

– Pardon, madame, il me semble que vous ne trouvez pas ce que vous cherchez dans le livre. Puis-je vous aider peut-être?

– Oh! merci, monsieur, vous êtes trop aimable, mais je ne veux point téléphoner. On va baptiser demain mon petit neveu et je cherche un joli prénom pour lui.

cabine *f* téléphonique *Fernsprechzelle*
feuilleter *durchblättern*
Annuaire *m Telefonbuch*
faire la queue *anstehen*
poli *höflich*
aider *helfen*
baptiser [batiˈze] *taufen*
neveu *m Neffe*

Bons mots

Paradoxe

– Un diplomate, disait récemment Anthony Eden, c'est quelqu'un qui sait la date de naissance d'une femme, mais qui a oublié son âge.

récemment *vor kurzem*
Eden, Anthony *ehem. britischer Premierminister*

Camouflage

camouflage *m Tarnung*

D'après Bernard Shaw les architectes dissimulent leur erreurs sous du lierre, les docteurs sous terre et les ménagères avec de la mayonnaise.

Shaw, George Bernard (*1856 bis 1950*), *irischer Dramatiker*
dissimuler *verstecken*
lierre *m Efeu*
ménagère *f Hausfrau*

Psyché

Psyché *f: Geliebte des Eros (Amor); Seele*

– Pour punir vraiment une femme, disait un jour Sacha Guitry, achetez-lui trois chapeaux et enfermez-la avec, dans une pièce sans miroir.

psyché *f großer (Steh- od. Dreh-)Spiegel*
Guitry, Sacha (*1885–1957*), *franz. Bühnenautor, Filmschöpfer und Schauspieler*
pièce *f Zimmer, Raum*
miroir *m Spiegel*

La critique est aisée

aisé *leicht, bequem*
critique *m Kritiker*

– Et pourquoi ne ferait-on pas un bon critique avec un mauvais écrivain? disait un jour Paul Léautaud. Après tout, on fait bien de l'excellent vinaigre avec du vin imbuvable.

Léautaud, Paul (*1872–1956*), *franz. Schriftsteller*
vinaigre *m Essig*
imbuvable *untrinkbar*

Favorable

On demandait un jour à Colette:
– Que pensez-vous du coup de foudre?
– Qu'il fait gagner du temps, répondit-elle.

Colette, Gabrielle (*1873–1954*), *franz. Romanschriftstellerin*
coup *m* de foudre *Blitzschlag; hier fig.: Liebe auf den ersten Blick*

Pas logique

– Une banque, remarquait récemment Jean Cocteau, est une entreprise

récemment *kürzlich*
Cocteau, Jean (*1889–1963*), *franz. Dramatiker, Filmautor und Kritiker*

qui ne consent à vous prêter de l'argent qu'après s'être bien assurée que vous n'en avez pas besoin.

consentir à *einwilligen in; bereit sein zu*
prêter *leihen*

La marque du temps

marque *f Zeichen, Merkmal*

– On sait que l'on a vieilli, disait Sacha Guitry, quand la femme aimée vous dit: «Rentre ton ventre», alors qu'on vient de le faire.

vieillir *alt werden*
Guitry, Sacha *(1885–1957), franz. Bühnenautor, Filmschöpfer und Schauspieler*
rentrer son ventre *seinen Bauch einziehen*

Bien connu

– Une petite ville, a dit Robert Lamoureux, c'est celle où une femme bavarde une heure au téléphone, même lorsqu'elle s'est trompée de numéro.

Lamoureux, Robert *franz. Humorist u. Fernsehstar*
bavarder F *schwatzen*

Il faut savoir s'y prendre

savoir s'y prendre *sich zu helfen wissen*

L'annonce

Un éditeur de Chicago avait publié le dernier volume d'un jeune auteur. Le livre avait un titre assez alléchant et qui semblait devoir attirer le grand public, «La Victoire de l'amour». Cependant, la vente ne marchait pas et l'éditeur la trouvait mauvaise. C'est alors que le jeune auteur eut une idée géniale.

volume *m Band*
auteur *m Schriftsteller*
alléchant *verführerisch, verlockend*
vente *f Verkauf*

Il fit paraître, dans les principaux journaux des Etats-Unis, l'annonce suivante:

Jeune millionnaire, blond, musicien, sportsman, homme du monde accompli, cherche à se marier avec une femme répondant aux qualités physiques et morales de l'héroïne du roman «La Victoire de l'amour.»

homme *m* du monde *Weltmann*
accompli *vollendet, perfekt*
répondre *fig. entsprechen*
héroïne *f Heldin*

Quelques jours plus tard, l'édition était entièrement épuisée...

édition *f Auflage*
épuisé *vergriffen*

La loterie

Après la matinée du samedi le parquet de cette salle de cinéma était invariablement jonché de sachets vides. Le directeur décida de prendre le taureau par les cornes. Il numérota chaque boîte de bonbons et, un samedi après-midi, annonça qu'une loterie serait tirée à l'issu du spectacle. Jeunes gens et jeunes filles quittèrent la salle en montrant leurs boîtes et les déposèrent toutes dans une corbeille bien en vue. Le gagnant partit avec son prix. Depuis lors, chaque semaine, ce même stratagème réussit à merveille.

salle *f* de cinéma *Kinosaal*
joncher *bestreuen; bedecken*
sachet *m Tüte*
prendre le taureau par les cornes *den Stier bei den Hörnern packen*
tirer *auslosen*
à l'issu de *unmittelbar nach*
corbeille *f Korb*
stratagème *m Kriegslist*; *Kniff*
à merveille *vortrefflich*

Jamais trop tard pour être à l'heure

être à l'heure *pünktlich sein*

Rien de déplaisant comme ces retardataires qui vous dérangent au milieu d'un spectacle ou d'un concert. Cette imposante douairière était toujours en retard d'un petit quart d'heure et gagnait son fauteuil (au premier rang d'orchestre) en une marche triomphale dont elle semblait savourer chaque pas.

Un soir, au beau milieu d'un concerto de Chopin elle fait son entrée, parée comme une châsse, selon son habitude. Tous les yeux se tournent vers elle. Le pianiste s'interrompt quelques secondes, puis le voilà qui règle son rythme sur l'allure de la dame. Elle hésite, ralentit: il ralentit. Elle s'arrête: il s'arrête. Elle accélère: il accélère. Quand elle parvient à son fauteuil, toute la salle

déplaisant *unangenehm*
retardataire *m Nachzügler*
déranger *stören*
imposant *stattlich*
douairière *f ältere Dame* (*leicht iron.*)
rang *m* d'orchestre *Parkettreihe*
savourer *auskosten*
concerto *m* (*Klavier-, Violin- od. dgl.*) *Konzert*
parer *schmücken*
châsse *f Reliquienkästchen*
puis le voilà qui règle *und mit einem Mal richtet er...*
allure *f Gangart*
ralentir *langsamer werden*
accélérer *beschleunigen, schneller werden*

rit à gorge déployée à la grande honte de la coupable.

Au concert suivant, elle arriva dix bonnes minutes en avance. Depuis, elle est toujours à l'heure.

rire à gorge déployée *aus vollem Halse lachen*
'honte *f Beschämung*

Patience

patience *f Geduld*

Dans une rue forte étroite d'une ville de province, deux automobilistes, venant en sens inverse, sont dans l'impossibilité de passer. Et ils ne veulent, ni l'un ni l'autre, rétrograder.

C'est alors une lutte de patience héroïque. L'un des automobilistes allume son cigare; l'autre en fait autant. Ils fument ainsi cinq ou six cigares chacun.

Après quoi le premier automobiliste sort le Monde de sa poche et se met à lire tranquillement. Alors le second lui adresse la parole en ces termes:

– Monsieur, quand vous aurez lu le Monde, ce qui ne durera en somme qu'une heure, vous seriez bien aimable de me le prêter...

L'homme au journal s'estima alors battu, replia le Monde et le mit dans sa poche. Là-dessus, il fit faire demi-tour à sa voiture.

sens *m Richtung*
inverse *entgegengesetzt*
rétrograder *hier: zurücksetzen*
lutte *f Kampf*
en faire autant *dasselbe tun*
sortir *herausziehen*
le Monde *große franz. Tageszeitung*
terme *m Wort*
en somme *insgesamt*
prêter *leihen, borgen*
replier *wieder zusammenfalten*
faire demi-tour *kehrtmachen, umkehren*

Equité

équité *f Billigkeit*

Un riche boulanger d'une ville dont nous nous garderons bien de divulguer le nom, prenait tout le beurre qu'il employait à un paysan de la contrée.

Un jour, il lui sembla que les boules de beurre, qui devaient peser trois livres chacune, n'avaient pas le poids convenu: il se mit donc à les peser et, à

se garder *sich hüten*
divulguer *unter die Leute bringen, bekanntmachen*
prendre qch. à q. *j-m etw. abnehmen*
contrée *f Gegend*
peser *wiegen*
convenu *vereinbart*
se mettre à faire qch. *anfangen, etw. zu tun*

chaque livraison, il constata plus ou moins de déficit.

Notre homme perdit patience et porta plainte contre son vendeur. Le juge fit comparaître le paysan à son tribunal.

– Avez-vous des balances? lui demanda-t-il.

– Oui, Monsieur le juge.

– Et des poids?

– Non, Monsieur le juge, je n'en ai pas.

– Comment alors pouvez-vous peser votre beurre? s'écria le juge.

– C'est bien simple, répondit le paysan. Depuis que le boulanger m'achète du beurre, je prends mon pain chez lui; la miche est de trois livres, c'est son pain qui me sert de pois pour peser mon beurre. Si le poids n'y est pas, c'est sa faute et non la mienne.

Le paysan fut acquitté. Mais dès lors le boulanger fit si bon poids à son pain que notre homme fut obligé d'aviser à un autre moyen pour ne pas trop perdre sur le beurre.

livraison *f Lieferung*
porter plainte *Anzeige erstatten, Klage führen*
faire comparaître *vorladen*
balance *f Waage*
poids *m Gewicht*
acheter qch. à q. *j-m etwas abkaufen*
miche *f Laib Brot*
servir de qch. *als etwas dienen*
acquitter *freisprechen*
dès lors *seitdem*
aviser à qch. *auf etwas sinnen*

Un peu de folie

Provisions

Un psychiatre interroge un malade qui se plaint de souffrir de l'estomac.

– C'est un cheval que j'ai avalé, explique-t-il.

– Un cheval tout entier? demande le praticien.

– Tout entier, bien sûr!

Simulacre d'examen.

psychiatre [psiˈkjaːtrə] *m Nervenarzt*
interroger *(be)fragen, prüfen*
avaler *verschlucken*
praticien *m Arzt*
simulacre *m Scheinhandlung*

– C'est bon, je vais vous opérer, déclare le médecin.

On endort le malade. Le temps d'amener dans sa chambre un superbe cheval noir.

Une fois le monsieur réveillé, on lui montre la bête.

– Vous voilà guéri maintenant. Regardez-le votre cheval.

L'autre hausse les épaules, soupire:

– C'est à recommencer, s'exclame-t-il. Vous vous êtes trompé de cheval. Celui que j'ai avalé était blanc.

amener *herbeiführen, herbringen*

guérir *heilen*

hausser les épaules *mit den Achseln zucken*
soupirer *seufzen*
se tromper de qch. *sich in etw. täuschen, irren*

Trop tôt

Mme Dupont a deux ravissantes perruches, une verte et une rouge, qui se sont échappées de leur cage. Elles se sont posées sur l'arbre de l'asile d'aliénés. La dame va trouver le directeur de l'asile et lui explique la chose.

– Rien de plus simple, dit le directeur, nous avons justement un fou qui se prend pour un singe, il va attraper vos perruches immédiatement.

Le fou grimpe lestement à l'arbre, saisit la perruche rouge et commence à redescendre.

– Vous en oubliez une, crie la dame.

Je l'ai bien vue, répond le fou, mais elle n'est pas mûre.

ravissant *entzückend*
perruche *f kleiner Papagei*
s'échapper *entweichen, -fliegen*
asile *m* d'aliénés *Irrenanstalt*

singe *m Affe*
attraper *fangen*
grimper à *in die Höhe klettern an*
leste *flink, behende*

mûr *reif*

Cas particulier

– Quand j'ai dit au psychiatre que mon mari faisait des ronds de fumée par le nez, il a affirmé que ce n'était pas grave.

– En effet, beaucoup de gens le font.

– Oui, mais j'aurais peut-être dû lui expliquer que mon mari ne fume pas.

psychiatre *m Nervenarzt*
rond *m* de fumée *Rauchring*

expliquer *erklären*

Normal

Dans un asile, un homme est allongé à plat ventre au bord de la piscine. Il boit une gorgée d'eau et la recrache, dégoûté. Un autre fou le regarde faire et lui demande:

– Qu'est-ce qu'il y a?

L'autre hausse les épaules.

– J'ai jeté un morceau de sucre dans l'eau et ça ne se sent pas!

– Attends voir ... fait l'autre.

A son tour, l'autre fou se met à plat ventre, goûte et déclare:

– C'est normal, tu n'as pas remué!

asile *m* (d'aliénés) *Irrenanstalt*
à plat ventre *auf dem Bauch*
gorgée *f Schluck*
recracher *wieder ausspucken*
dégoûté *angeekelt*
goûter *kosten*
remuer *umrühren*

Vie de famille

Patience

Accompagné de son papa, un petit garçon, en train de visiter le musée du Louvre, s'arrête devant la fameuse Victoire de Samothrace.

Son père lui en explique brièvement ce qu'il sait. Mais le jeune visiteur n'est pas satisfait.

– Pourquoi, demande-t-il, a-t-on choisi une femme pour représenter la victoire? Le papa hoche rêveusement la tête. Puis il répond:

– Tu comprendras plus tard, mon fils. Quand tu seras marié.

accompagner *begleiten*
fameux, -se *berühmt*
Victoire *Siegesgöttin*
Samothrace *Samothrake, Insel im Ägäischen Meer (nach der Venus von Milo ist die Siegesgöttin von S. die berühmteste Skulptur in der Antikensammlung des Pariser Louvre)*
brièvement *adv. kurz*
satisfait *zufrieden*
choisir *auswählen*
'hocher la tête *den Kopf schütteln*
rêveur *träumerisch, grübelnd*

Moins de travail

– Je t'admire! Ta femme est partie et tu ne te plains de rien. Pas même de devoir laver les assiettes!

– Pourquoi me plaindrais-je? Quand elle sera rentrée je devrai en laver le double!

admirer *bewundern*
se plaindre *sich beschweren*
laver *(ab)waschen*
assiette *f Teller*
rentrer *zurückkehren*

Les femmes les plus fidèles

– Selon toi, demande un jeune homme à son ami plus âgé, quelles sont les femmes les plus fidèles? Les blondes, les brunes ou les rousses?

– Ni les unes ni les autres, répond l'ami. Mais s'il faut juger d'après la couleur des cheveux, c'est à celles aux cheveux blancs qu'il faut accorder le plus de confiance.

fidèle *treu*
selon toi *deiner Meinung nach*
âgé *alt*
roux, rousse *rothaarig*
accorder de la confiance *Vertrauen schenken*

Recherche difficile

Un détective privé, engagé par une épouse jalouse, fait son rapport:

– J'ai suivi votre mari. Il est entré chez dix modistes ... et chez dix couturières...

– Mon Dieu! Il a donc dix maîtresses?

– Non, Madame, il vous cherchait!

épouse *f Ehefrau*
jaloux, -se *eifersüchtig*
modiste *f Putzmacherin*
couturière *f Schneiderin*

Indice

Un brave père de famille réunit sa femme et son fils, et leur déclare d'un ton grave:

– Jacques a pris de l'argent dans mon portefeuille.

Aussitôt, la mère prend la défense de son fils:

– Je me demande comment tu peux dire une chose pareille! Pourquoi ne m'accuses-tu pas?

– Je suis sûr que c'est lui, car quand c'est toi, il ne reste rien!

réunir *versammeln, zusammenrufen*
déclarer *erklären*
grave *ernst*
portefeuille *m Brieftasche*
prendre la défense de q. *j-n verteidigen*
accuser *beschuldigen*

Conviction

conviction *f Überzeugung*

Deux amis se rencontrent:

– Hier, j'ai aperçu ta femme, dit le premier. Elle semblait souffrante.

– Elle est victime de ses convictions.

– Comment cela?

– Eh bien, elle est convaincue de chausser 36 et en réalité, elle chausse 38.

souffrant *leidend, kränklich*
victime *f Opfer*
convaincre *überzeugen*
chausser 36 F *Schuhgröße 36 haben*

Vedettes

vedette *f (Theater-, Film-)Star*

L'indice

indice *m Anzeichen; Indiz*

Une vedette de cinéma avait renvoyé son ancien chauffeur.

– Que se passe-t-il? demande un visiteur au nouveau chauffeur. Le vieux Joseph est malade?

– Non, monsieur, répondit le nouveau chauffeur. Madame avait été obligé de le renvoyer. Il se vantait partout de servir chez Madame depuis plus de trente ans...

renvoyer *entlassen*
visiteur *m Besucher*
malade *krank*
obliger *verpflichten, zwingen*
se vanter *sich rühmen*

Le seul moyen

Une spirituelle comédienne s'attristait de voir le temps offenser sa beauté. Au vieil ami qui, essoufflé d'avoir grimpé les quatre étages menant à son appartement, lui reprochait le manque d'ascenseur, elle dit doucement:

– Que voulez-vous, mon ami; c'est le seul moyen qui me reste pour faire encore battre les cœurs.

spirituel *geistreich*
comédienne *f Schauspielerin*
s'attrister *betrübt sein*
offenser qch. *hier: e-r Sache schaden, abträglich sein*
essoufflé *außer Atem*
grimper *hinaufklettern*
ascenseur *m Fahrstuhl*

D'Hollywood

Deux enfants du quartier résidentiel, tous deux enfants de stars, se promè-

quartier *m* résidentiel *Wohnviertel*

nent, main dans la main. Soudain, le petit garçon – dix ans – dit à la petite fille – huit ans:

– Je t'aime vraiment, tu sais. Quand on sera grands, je veux que tu sois ma première femme!

se promener *spazierengehen*
soudain *plötzlich*

Jamais deux sans trois

Maître Chabert, ayant fini sa tartine de rillettes, ferma d'un coup sec son couteau qu'il fit glisser dans une des poches de son veston de velours, se versa un canon de muscadet, qu'il avala d'un trait, essuya sa grosse moustache à la gauloise du dos de la main droite, puis souleva de la chaise son gros corps d'obèse et se traîna, en geignant, jusqu'à la porte de la cuisine.

Il resta une minute à contempler en silence, avec une satisfaction légitime, la grande cour de la ferme, nette comme la cour d'un quartier de cavalerie, et appela:

– Hé! Jeannot! Viens ici, mon gars.

– Me v'là, patron, j'arrive.

Jeannot, un grand garçon d'une vingtaine d'années, à la figure rougeaude, à l'allure dégingandée, qui était en train d'affûter une scie à l'ombre, posa son tiers-point sur le rebord d'une fenêtre et accourut avec un grand bruit de sabots sur les pavés brûlants.

– Dis, mon gars, continua maître Chabert, tu vas amener le camion sous la fenêtre du grenier. Tu vas monter dans le pailler et tu vas me jeter cinquante bottes de paille qu'il faut charrier au château. L'intendant m'a téléphoné ce matin.

– Entendu, patron. J'y vas.

jamais deux sans trois *aller guten Dinge sind drei*
tartine *f Brotschnitte*
rillettes [riˈjɛt] *f/pl. Schweinefleischpastete*
fermer son couteau *sein Messer zusammenklappen*
veston *m Jacke*
verser *eingießen*
canon *m Achtel(liter)*
muscadet *m: Name e-s herben Weißweins, der an der unteren Loire wächst*
avaler *hinunterschlucken*
d'un trait *in e-m Zug*
essuyer [esɥiˈje] *abwischen*
moustache *f Schnurrbart*
à la gauloise *auf gallische (d. h. bäuerisch-ungezwungene) Art*
obèse *m Dickwanst*
geindre [ʒɛ̃:dr] *ächzen, stöhnen*
ferme *f Gehöft*
quartier *m Kaserne*
gars [gɑ] *m* F *Bursche, Junge*
patron *m Chef*
rougeaud [ruˈʒo] *hochrot*
allure *f Gang*
dégingandé F *schlenkrig, schlaksig*
affûter *schärfen, schleifen*
scie [si] *f Säge*
tiers-point *m Dreikantfeile*
sabot *m Holzschuh*
pavé *m Pflasterstein*
camion *m Lastauto;* F *Laster*
grenier *m Speicher*
pailler [pɑˈje] *m Kornboden*
botte *f Bündel*
paille [pɑ:j] *f Stroh*
charrier *abfahren*
intendant *m Verwalter*
vas: *dial. für* vais

Quelques instants après, le camion, conduit par Jeannot, traversait la cour et s'arrêtait pile sous la fenêtre indiquée.

Le chargement se fit rapidement. Quand les bottes furent entassées, Jeannot prit place au volant, et le camion démarra.

Ayant franchi la porte cochère, il tourna tout de suite à droite, sur la route, et il manqua d'écraser une poule qui courait, affolée, à grandes enjambées, dans tous les sens.

– Ben! elle l'a échappé belle, celle-là! bougonna Jeannot, qui avait vivement serré le frein.

Cent mètres plus loin, ce fut un cochon qui, au beau milieu du chemin, mâchouillait en grognant un bout de betterave et ne se dérangeait pas plus qu'une souche!

Il fallut que Jeannot stoppât le camion, descendît et poussât l'animal sur un accotement.

– Zut! fit Jeannot en remontant sur le siège et en repartant. Ça fait deux embêtements déjà. Jamais deux sans trois, comme on dit. Va falloir que j'ouvre l'œil!

Il advint ce qui devait advenir. En prenant un chemin communal, qui coupait court vers le château, il lui fallut monter un peu sur le talus de droite pour prendre le tournant et … patatras! Toute la charge de paille, déséquilibrée, se répandit sur la chaussée…

Jeannot arrêta le moteur et descendit pour contempler le désastre.

– Eh bien! me v'là frais, à c't heure! pleurnichait-il. Qu'est-ce que je vas faire?

pile sous la fenêtre *genau unterhalb des Fensters*
chargement *m Aufladen*
entasser *aufstapeln*
volant *m Steuer*
démarrer *losfahren, starten*
porte *f* cochère *Torweg*
il manqua d'écraser *er hätte beinahe überfahren*
affolé *verwirrt; von panischem Schrecken erfaßt; halb irre vor Angst*
à grandes enjambées *mit weitausgreifenden Schritten*
l'échapper belle *mit einem blauen Auge davonkommen*
bougonner *brummeln*
serrer le frein *die Bremse anziehen*
mâchouiller [mɑʃuˈje] F *langsam kauen*
grogner [grɔˈɲe] *grunzen*
betterave *f Futterrübe*
se déranger *sich stören lassen*
souche *f Baumstumpf*
ne pas se déranger plus qu'une souche *etwa: wie angewurzelt, stur stehen bleiben*
accotement *m Seitenweg*
zut [zyt] *verflixt!*
embêtement *m Widerwärtigkeit, Ärger*
ouvrir l'œil *fig. wachsam sein, aufpassen*
advenir *geschehen*
talus *m Böschung*
tournant *m Kurve, Biegung*
déséquilibré *aus dem Gleichgewicht gebracht*
désastre *m Unheil*
me v'là frais F *da sitze ich in der Tinte*
pleurnicher *jammern*

Justement, Tuffaut, le garde champêtre, passait par là. Il regardait le tableau en rigolant tant qu'il pouvait.

– C'est rien, ça! mon vieux Jeannot, dit-il au malheureux garçon qui, la tête dans ses mains, pleurait, assis sur le talus. Je vais t'aider à recharger. En attendant, viens donc chez la mère Frousse, au cabaret qui est à côté d'ici. Je vais te payer un cordial pour te remettre de ton émotion.

Ils restèrent deux heures attablés au cabaret. Ils burent, d'abord, un cognac, suivi d'un second, puis un pastis, puis deux, puis trois...

Enfin, Tuffaut tira sa montre et dit en se levant:

– Et maintenant, au travail! Ce ne sera pas long à nous deux. Et puis, sois tranquille. On ne dira rien à maître Chabert. Il n'en saura rien. Allons, viens! ...

Alors Jeannot poussa un grand cri:

– Ah! ...

Il se leva, titubant, le visage révulsé par l'épouvante, les yeux sortant de leurs orbites, et bégaya:

– Maître Chabert! ... Mon Dieu! ... Mais il est déjà au courant... Je l'avais oublié! ... V'là deux heures qu'il est sous le tas de paille! ...

Roger Darbois («*Le Chasseur Français*»)

garde *m* champêtre *Feldhüter*
rigoler F *lachen; sich amüsieren*
recharger *wieder aufladen*
cabaret *m Kneipe, Schenke*
cordial *m Magen-, Herzstärkung; Stärkungsschnaps*
se remettre *sich erholen*
émotion *f Aufregung*
rester attablé *am Tisch sitzen bleiben*
pastis [pas'tis] *m Anisschnaps*
tituber *schwanken*
révulsé par l'épouvante *fassungslos vor Entsetzen*
orbite *f (Augen-)Höhle*
bégayer [begɛ'je] *stammeln, stottern*
tas *m Haufen*

Humour noir

Ingérence

Deux bandits masqués déposent sur la voie ferrée un homme bâillonné et ficelé. Une brave femme qui les aper-

voie *f* ferrée *Gleis*
bâillonner *knebeln*
ficeler *zusammenschnüren, fesseln*

çoit de son balcon crie: «Vous direz que je me mêle de ce qui ne me regarde pas, mais il n'est pas passé de train depuis 1938».

se mêler de *sich einmischen in*
regarder *angehen*

Souvenirs

Un Sicilien voit, chez un cousin, une pierre et une rose qui, mises sous globe, ornent la cheminée. Il demande ce que c'est.

– La pierre, dit l'autre, un homme me l'avait lancée à la tête. Et la rose, je l'ai cueillie sur sa tombe!

sous globe *unter Glas*
orner *schmücken*
cheminée *f Kamin*
lancer *schleudern, werfen*
cueillir *pflücken*
tombe *f Grab*

Erreur

Pierre et Paul apprenaient à Philippe à monter à bicyclette. Ils le mirent sur la selle, puis ils le laissèrent descendre la côte.

Philippe ne revint plus. Pierre et Paul se mirent à sa recherche. Finalement, ils rencontrèrent une vieille femme à laquelle ils demandèrent si elle n'avait pas vu un garçon sur un vélo.

– Non, dit la vieille dame, mais j'ai vu tout en bas de la côte, un garçon assis dans un fossé, en train de réparer un parapluie...

monter à bicyclette *radfahren*
selle *f Sattel*
côte *f Abhang*
se mettre à la recherche de q. *sich auf die Suche nach j-m machen*
vélo F *m (Fahr-)Rad*
en train de *im Begriff zu; dabei zu*

Renseignement

Dans la cohue d'un grand magasin, un homme est séparé de sa femme. S'adressant à un employé:

– J'ai perdu ma femme!

– Rayon de deuil. Sous-sol, à gauche!

cohue *f Gewühl, Getümmel*
grand magasin *m Warenhaus*
rayon *m Abteilung (in einem Warenhaus)*
deuil *m Trauer*
sous-sol *m Untergeschoß*

Evénement extraordinaire

Par une nuit d'orage, dans un vieux château écossais, l'invité escorté d'un domestique à l'air sinistre, entre timidement dans sa chambre:

– S'est-il passé quelque chose d'extraordinaire dans cette pièce?

– Pas depuis quarante ans, monsieur.

L'invité pousse un soupir de soulagement.

– Et qu'est-il arrivé, il y a quarante ans?

– Un homme qui avait passé toute la nuit ici, a été revu, vivant, le lendemain matin.

orage *m Gewitter, Sturm*
écossais *schottisch*
sinistre *unheimlich*
pièce *f Raum, Zimmer*
pousser un soupir *e-n Seufzer ausstoßen*
soulagement *m Erleichterung*

Aucun sujet

Un jeune homme voulait devenir reporter. Un grand journal l'accepta comme stagiaire. Le premier jour, le chef des informations lui dit:

– J'ai un beau boulot pour vous. A X., l'archevêque va inaugurer la nouvelle cathédrale. Vous y allez, vous faites un papier d'une page environ, et vous le téléphonerez avant 18 heures à la rédaction.

Le jeune homme partit. Comme à 18 heures 30 il n'avait pas encore téléphoné son papier, le chef des informations lui télégraphia: «Où en est ton reportage?»

Une heure plus tard il eut la réponse en main:

«Aucun sujet reportage stop archevêque écrasé en chaire par poutre pendant cérémonie stop inauguration renvoyée.»

sujet *m Stoff, Thema; Anlaß*
reporter [rəpɔrˈtɛːr] *m Reporter*
stagiaire *m Volontär, Anlernling*
boulot P *m Arbeit*
archevêque *m Erzbischof*
inaugurer *einweihen*
papier *m Artikel*
où en est…? *wie steht es mit…?*
écraser *zerdrücken, -quetschen*
chaire *f (Kirchen-)Stuhl; Kanzel*
poutre *f Balken*
renvoyer (*zeitl.*) *verschieben*

La différence

Maître Floriot, rencontrant un vieux ami, chirurgien bien connu, lui demande: «Alors, docteur, vos clients meurent toujours autant?» – «Oui, Maître, lui répond le grand médecin, mais pas sous la guillotine.»

Maître *m Meister (in Frankreich übliche Anrede der Rechtsanwälte)*
Floriot *bekannter Pariser Strafverteidiger*

Naufrage

naufrage *m Schiffbruch*

Un radeau s'en va à la dérive portant quatre rescapés d'un naufrage.

Ils sont à jeun depuis plus de trois semaines, quand ils décident enfin de tirer à la courte-paille. Quelques secondes plus tard, la malheureuse victime du sort annonce à ses compagnons:

– Messieurs, comptez sur moi, j'aurai du courage.

Il appuie le canon de son revolver sur sa tempe droite et s'apprête à appuyer sur la détente, quand soudain Marius s'écrie:

– Pas dans la cervelle! ... Je vous en prie, pas dans la cervelle! ... C'est le morceau que je préfère...

radeau *m Floß*
aller à la dérive *treiben*
rescapé *m Überlebender, Geretteter*
à jeun *nüchtern, ohne Essen*
tirer à la courte-paille *mit Halmen losen*
canon *m Lauf*
tempe *f Schläfe*
détente *f Abzug*
cervelle *f Gehirn*

Sang froid

Ça se passe à Marseille. Totoche, une très jolie fille qui a commis l'erreur de se marier avec un garçon qui passe ses nuits dehors, fait la grasse matinée.

On frappe à la porte.

– Qui est là?

Une voix répond:

– C'est la police! On vous ramène votre mari.

Sans bouger de son lit, Totoche interroge:

commettre *begehen*
erreur *f Fehler*
faire la grasse matinée *sich ordentlich ausschlafen*
ramener *zurückbringen*

– Il est saoul?

– On ne peut pas dire. Tout ce qu'on sait, c'est qu'il a été écrasé par un rouleau compresseur.

– Dans ce cas, passez-le sous la porte!

Et, se retournant vers le mur, Totoche se rendort.

saoul = soûl P *besoffen*
écraser *überfahren, zermalmen*
rouleau *m* compresseur *Dampfwalze*
passer sous la porte *unter der Tür durchschieben*
se rendormir *wieder einschlafen*

Dangereux

Un monsieur très énervé entre dans la salle de rédaction d'un journal et demande:

– Où est le cochon qui signe «l'indiscret»? J'ai deux mots à lui dire.

– Faudra attendre, répond un des assistants, il vient de partir pour l'hôpital accompagner un lecteur qui, tout à l'heure, avait aussi deux mots à lui dire.

énervé F *aufgeregt*
cochon P *m Schweinekerl*
signer *(ab)zeichnen*
avoir deux mots à dire à q. F *mit j-m ein Wörtchen zu reden, ein Hühnchen zu rupfen haben*
assistent *m Anwesender*
lecteur *m Leser*

Prétention

prétention *f Selbstbewußtsein, Einbildung*

Grand peintre

Deux braves flâneurs, un couple, visitent l'Exposition Courbet. On entend:

– Ce serait tout de même bien, dit la dame, si nous avions à la maison quelques toiles comme celles-là!

Et lui très naturel:

– Voyons, chérie, quand veux-tu que je trouve le temps de peindre?

peintre *m Maler*
flâneur *m Bummler, Umherschlendernder*
couple *m Paar*
Courbet *(1819–1877), franz. realistischer Maler*
toile *f Gemälde*

Quelle chance!

Devant la gare Saint-Charles à Marseille, un voyageur qui vient de descendre du train de Paris hèle un taxi. Le conducteur stoppe, regarde le client avec admiration et s'exclame:

«Vous, alors, on peut dire que vous n'êtes pas bête!»

– Pourquoi donc? demande le voyageur, surpris.

– Sans le savoir, vous avez pris le meilleur chauffeur de Marseille!

descendre *aussteigen*
'héler un taxi *ein Taxi herbeirufen, heranwinken*
admiration *f Bewunderung*
s'exclamer *ausrufen*
bête *dumm*
surpris *überrascht*

Hélas!

– J'ai la danse dans le sang, disait un jeune maladroit à sa danseuse.

Et celle-ci, regardant les pieds de son danseur, soupira:

– Mais quelle mauvaise circulation!

danse *f Tanz*
maladroit *m ungeschickter, linkischer Mensch*
soupirer *seufzen*
circulation *f Kreislauf*

Drôles de gens

Pauvreté extrême

Lassé de voir ses factures impayées, un tailleur décida d'aller réclamer lui-même son argent à son client. Il le trouva à table, découpant une magnifique dinde.

– Voulez-vous me payer? demanda-t-il d'un air furieux.

– Je n'ai pas d'argent, répondit l'autre.

– Pas d'argent, pas d'argent! Et vous mangez de la dinde!

– Hélas! s'écria le débiteur d'une voix pathétique, je n'avais même plus de quoi la nourrir.

lassé *überdrüssig*
facture *f Rechnung*
tailleur *m Schneider*
client *m Kunde*
découper *zerschneiden, zerlegen*
dinde *f Truthenne*
débiteur *m Schuldner*
ne plus avoir de quoi nourrir *nicht mehr genug haben, um zu ernähren*

Dérangement

Au théâtre. Deux jeunes femmes papotent depuis le début du spectacle. Un monsieur placé juste devant elles

papoter F *schwatzen*
juste *genau, gerade*

s'est déjà retourné plusieurs fois pour leur jeter des regards furibonds. Excédé il s'apprête à les mitrailler du regard une fois de plus, lorsqu'une des femmes se penche vers lui et lui dit d'un ton sec:

– Enfin, monsieur, cessez donc de bouger tout le temps. C'est énervant à la fin!

furibond *wütend*
excédé *erschöpft*
s'apprêter à *sich anschicken zu*
mitrailler du regard *mit Blicken durchbohren*
se pencher *sich neigen, beugen*
cesser *aufhören*
bouger *sich bewegen*
énervant *auf die Nerven fallend*

Compétition

compétion *f Wettstreit*

Un soir que nous traversions en voiture une paisible petite bourgade de la Lorraine, nous vîmes tout d'un coup, dans la lumière de nos phares, la silhouette d'une femme qui courait sur la route de toute la vitesse de ses jambes, suivie par un homme qui paraissait gagner du terrain.

Nous freinâmes brusquement et, sautant de la voiture, je demandai à la femme:

– Pouvons-nous vous aider?

– Oh! non, merci, me dit-elle tout essoufflée. Mon mari et moi rentrons toujours comme ça du cinéma. Le dernier arrivé fait la vaisselle du dîner.

bourgade *f Marktflecken*
Lorraine *f Lothringen*
phare *m Schweinwerfer*
freiner *bremsen*
essoufflé *außer Atem*
vaisselle *f Geschirr*
faire la vaisselle (*das Geschirr*) *abwaschen*

Dialogue électoral

Entre deux réunions publiques, un candidat aux élections municipales subit les questions de son propre fils.

– Papa, dis-moi, qu'est-ce qu'un renégat?

– C'est un homme qui quitte son parti pour adhérer à un autre.

– Alors si quelqu'un quitte son parti pour s'inscrire au tien, c'est un renégat?

– Non, mon petit, ça, c'est un converti!

élections *f/pl.* municipales *Gemeindewahlen*
subir *über sich ergehen lassen*
renégat [rəneˈga] *m Abtrünniger*
adhérer [adeˈre] *beitreten*
convertir *bekehren*

L'exception

Un jour, Balzac surprit sa gouvernante en flagrant délit de mensonge.

– Ce n'est pas bien de mentir, dit-il. Nous ne devons jamais cacher la vérité à notre prochain.

– Ah? répondit la gouvernante. Et quand un huissier vient, pour vous saisir, vous me faites dire que vous êtes absent!

– Ta ta ta, dit Balzac. Les huissiers ne font pas partie de notre prochain!

Balzac, Honoré de (*1799-1850*), *franz. Romanschriftsteller*
surprendre *ertappen*
en flagrant délit (de mensonge) *auf frischer Tat* (*bei einer Lüge*)
huissier *m Gerichtsvollzieher*
saisir *pfänden*

L'habitude

Un promeneur engage une conversation avec le vieux facteur rural qu'il croise sur le chemin:

– Il me paraît, lui dit-il, que vous avez une longue tournée à faire tous les jours...

– Oui, monsieur, explique le facteur; je fais mes quinze kilomètres tous les jours, et je les fais depuis vingt ans sans autre interruption que les quinze jours de congé que l'Administration m'accorde chaque année.

– Ce congé doit être le bienvenu, reprend le promeneur. Sans doute êtes-vous heureux de connaître un changement, alors? Comment passez-vous vos vacances?

– Eh bien! fait le facteur, comme je n'ai rien à faire chez moi et que je m'y ennuierais, je fais la tournée avec mon remplaçant.

engager *beginnen*
facteur *m Briefträger*
rural *Land...*
croiser *begegnen*
tournée *f Rundgang*
expliquer *erwidern*
interruption *f Unterbrechung*
congé *m Urlaub*
être le bienvenu *willkommen sein*
changement *m Abwechslung*
vacances *f/pl. Ferien*
s'ennuyer *sich langweilen*
remplaçant *m Vertreter*

Patience

On vient de rejeter le pourvoi en grâce d'un prisonnier. Le directeur de la prison vient l'en informer.

rejeter *ablehnen, verwerfen*
pourvoi *m* en grâce *Gnadengesuch*

– Pour votre dernier repas, dit-il gentiment, vous pouvez me commander ce qui vous fera plaisir.

– Très bien, dit le condamné. Puis, réfléchissant: veuillez me faire servir des fraises.

– Mais nous ne sommes qu'en octobre! reprend le directeur; il n'y aura pas de fraises avant juin...

– Aucune importance ... je peux très bien attendre! ...

repas *m Mahlzeit*
gentiment [ʒɑ̃tiˈmɑ̃] *adv. liebenswürdig*
fraise *f Erdbeere*
reprendre *erwidern*

Bonne raison

Pour obtenir un visa pour les Etats-Unis, il faut remplir plusieurs questionnaires extrèmement fournis. On n'y pose pas seulement des questions sur l'âge, la race et la famille, mais encore sur les maladies (physiques et mentales), qu'on a eues et enfin la question: Avez-vous déjà été en prison? à laquelle un candidat au voyage avait répondu par non.

Et en dessous, à la rubrique: Pour quelles raisons? il avait précisé: Jamais été pris.

remplir *ausfüllen*
questionnaire *m Fragebogen*
fourni *fig. vollgepfropft, dichtgefüllt*
physique *körperlich*
mental *geistig*
prison *f Gefängnis*
en dessous *darunter*
raison *f Grund*
prendre F *fassen, schnappen*

Anecdotes

Assez de punition

Quand sous la Restauration on rendit le Panthéon au culte, certains proposèrent d'enlever les cendres de Voltaire.

– Laissez-le, dit Louis XVIII; il sera bien assez puni d'entendre dire la messe tous les jours.

Restauration *f Restauration (Epoche der Wiedereinsetzung der Bourbonendynastie in Frankreich von 1814–1830)*
Panthéon *m Name des im 18. Jh. von Soufflot im neugriech. Stil errichteten Bauwerks, das unter den verschiedenen Regierungssystemen abwechselnd Kirche u. Ruhmestempel war. Seit 1855 (Beisetzung Victor Hugos) gilt wieder die Inschrift: Aux grands hommes la Patrie reconnaissante.*
culte *m Gottesverehrung, Kultus*
Louis XVIII *König von Frankreich 1814–1824*
punir *bestrafen*
dire la messe *die Messe lesen*

Pleins pouvoirs

Louis XIV disait un jour à ses courtisans:

– Si j'ordonne maintenant à l'un de vous de sauter dans la Seine, il devra m'obéir. Un silence de mort se fit. Puis, le duc de Guise se leva.

– Où allez-vous, Guise? demanda le roi.

– Apprendre à nager, sire!

courtisan *m Höfling*
silence *m* de mort *tödliches Schweigen*
duc *m Herzog*
nager *schwimmen*

Excuse offensante

Discussion à la fin d'un repas, entre François Ier et son fou Triboulet, le roi certifiant qu'en aucun cas l'excuse ne pouvait être plus offensante que l'insulte. A court d'arguments, Triboulet se tut, mais, comme le repas était terminé et que le souverain se levait, il lui envoya une grande tape sur ... le bas des reins.

François Ier se retourna, furieux... Mais Triboulet de prendre un air contrit et de s'écrier:

– Oh! pardon ... Sire ... je croyais que c'était la reine.

François Ier *Franz I. (1515 bis 1547), König von Frankreich*
fou *m hier: Hofnarr*
certifier *behaupten*
excuse *f Entschuldigung*
offenser *kränken*
insulte *f Beleidigung*
à court de *verlegen um*
tape *f Klaps*
reins *m/pl. Kreuz, Lenden*
mais T. de prendre *T. aber nahm (erzählender Infinitiv)*
contrit *zerknirscht*

Duperies

duperie *f Betrügerei, Schwindel*

Surprise

Un bijoutier voit entrer dans sa boutique un monsieur très bien qui descend d'une voiture et qui porte le bras en écharpe.

– Ça c'est bien, ça c'est moins bien, ça c'est mieux.

Son choix fini, les achats s'élèvent à la somme de 10.250 francs. On discute.

bijoutier *m Juwelier*
très bien *hier: vornehm, fein angezogen*
écharpe *f Armbinde*
son choix fini *als seine Auswahl abgeschlossen ist; als er mit dem Aussuchen fertig ist*
achat *m Einkauf*
s'élever *sich belaufen*

On s'arrête au chiffre de 10.000 francs. Le monsieur demande:

– Avez-vous de quoi écrire? J'ai le bras en écharpe. Voulez-vous me rendre le service d'écrire pour moi?

Et il dicte:

Ma chérie,

Veux-tu remettre au porteur la somme de 10.000 francs.

Il prend le mot, le cachète.

– Merci.

Le bijoutier le voit remettre la lettre au chauffeur, la voiture file, le monsieur rentre dans la boutique. Il attend. Au bout d'une demi-heure, le chauffeur revient avec les dix billets de mille francs. Le monsieur paye, salue et sort.

Mais, le soir, la femme du bijoutier lui dit:

– Pourquoi m'as-tu fait demander 10.000 francs tantôt?

de quoi écrire *etw. zu schreiben*
remettre *aushändigen, übergeben*
porteur *m Überbringer*
mot *m hier: Brieflein; paar Zeilen*
cacheter *zukleben*
filer F *abziehen; absausen*
tantôt *vorhin*

Ruse

La foire, voilà le sport des Auvergnats. L'homme a été mis au monde pour exercer son esprit en faisant du commerce avec ses semblables. A toi d'être sur tes gardes! Je vais tâcher de te blouser. «En foire, ce n'est pas péché de tromper sa propre mère.» Un maquignon s'approche d'une bête que tient une pauvre femme de mine toute effacée, toute craintive. «On ne voudrait pas tromper le monde, fait-elle doucement: autant vous avertir, et je vous le dis devant témoins; qu'il n'y ait pas d'histoires à me chercher, ensuite! La bête boite...» Le marchand regarde, voit un caillou dans le pied, se garde d'en souffler mot: la boiterie sera vite

foire *f Jahrmarkt*
Auvergnat *m Auvergnat, Mann aus der Auvergne*
exercer son esprit *seine geistigen Fähigkeiten gebrauchen, üben*
son semblable *seinesgleichen*
à toi *deine Sache ist es*
être sur ses gardes *auf der Hut sein*
blouser F *bemogeln*
ce n'est pas péché *es ist keine Sünde*
maquignon *m Pferdehändler*
effacé *fig. ganz bescheiden*
craintif *ängstlich*
autant vous avertir *besser ist's schon, Sie darauf aufmerksam zu machen*
chercher des histoires à q. F *j-m Schwierigkeiten bereiten*
boiter *hinken*
caillou *m Kieselstein*
se garder d'en souffler mot *sich hüten, (auch nur) ein Sterbenswörtchen davon zu sagen*

guérie. Ces femmes, n'est-ce pas vrai, ça n'en sait guère... Il achète. La femme va rejoindre son mari qui suivait de loin le marché. Tous deux s'empressent de quitter la foire. Le caillou avait été mis là une demi-heure avant, et la bête boitait depuis un mois.

guérir *heilen*
rejoindre q. *wieder zu j-m zurückgehen*
s'empresser *sich beeilen*

Imprudence

imprudence *f Unvorsichtigkeit*

Un vieux monsieur, riche, mais sourd, avait acheté un appareil ultra-moderne d'audition. Quinze jours plus tard, il retourna au magasin qui lui avait vendu l'appareil, pour dire combien il en était content.

– Je peux même entendre, maintenant, dit-il, ce qui se dit dans la pièce à côté...

– Votre famille doit en être très heureuse? dit le vendeur.

– Non, dit le vieux monsieur, je ne lui ai pas parlé de cet appareil. Mais j'ai déjà modifié quatre fois mon testament...

sourd *taub*
appareil *m* d'audition *Hörapparat*
magasin *m Geschäft*
vendre *verkaufen*
content *zufrieden*
pièce *f Zimmer, Raum*
à côté *nebenan*
modifier *abändern*

Rions un peu

Alternative

S'il vous manque toujours un bouton au veston, vous n'avez que deux solutions: vous marier ou divorcer.

veston *m Sakko, Jacke*
divorcer *sich scheiden lassen*

Amusement extraordinaire

Un plongeur de Miami devra payer une assez forte amende. Motif: lorsqu'il était sous l'eau, il s'amusait à couper les hameçons des pêcheurs...

plongeur [plɔ̃ˈʒœːr] *m Taucher*
amende [aˈmɑ̃ːd] *f Geldstrafe*
'hameçon [amˈsɔ̃] *m Angelhaken*
pêcheur *m Angler*

Double danger

Lu à la porte d'un chantier: *En entrant ici, vous vous exposez à la mort et à des poursuites judiciaires.*

chantier [ʃɑ̃'tje] *m Baustelle*

poursuites [pur'sɥit] *f/pl.* judiciaires [ʒydi'sjɛ:r] *strafrechtliche Verfolgung*

Presque parfait

Un jeune homme est allé passer un weekend dans le manoir d'une vieille comtesse. Ses amis, curieux, lui demandent à son retour comment cela s'est passé, et s'il est content de son séjour.

– Si le potage avait été aussi chaud que le vin, dit-il, le vin aussi vieux que le poulet, le poulet aussi tendre que la comtesse semble avoir été il y a cinquante ans, c'eût été parfait!

manoir *m Landsitz*
comtesse *f Gräfin*
curieux *neugierig*
séjour *m Aufenthalt*
potage *m Suppe*
poulet *m Hühnchen*
tendre *zart; fig. zärtlich*

Une autre possibilité

Dans l'antichambre de ce lycée, se trouvent trois portemanteaux avec audessus l'inscription: Réservés aux professeurs.

Une main juvénile et anonyme a ajouté: Mais l'on peut y pendre aussi des manteaux.

antichambre *f Vorzimmer*
lycée *m Gymnasium, Oberschule*
portemanteau *m Kleiderständer, -haken*
juvénile *jugendlich*
pendre *aufhängen*

Pas pressé

Le chemin de fer départemental s'en va le long des routes, parfois à travers champs, à grand bruit, sans hâte.

A son approche, les poules ne quitteraient pas la voie si le mécanicien ne faisait rugir le sifflet de la locomotive. Comme la diligence de jadis, il fait longue halte dans les villages, non loin des auberges.

pas pressé *nicht eilig*
chemin de fer *m* départemental *Lokalbahn*
le long de *entlang*
à travers *quer durch*
hâte *f Eile*
à son approche *bei seinem Herannahen*
voie *f Bahngleis*
mécanicien *m Lokomotivführer*
rugir *ertönen*
sifflet *m Pfeife*
diligence *f Postkutsche*
jadis *ehemals*
auberge *f Wirtshaus*

Un voyageur bénévole lève le nez de dessus son journal et, bienveillant, demande au chef de train:

– Est-ce que votre train ne peut pas marcher plus vite?

L'employé, blessé, réplique:

– Vous pouvez descendre et aller à pied, si vous trouvez qu'il va trop lentement.

Le voyageur, bonasse, reprend:

– Oh! non; je ne suis pas pressé.

bénévole *wohlwollend*

chef *m* de train *Zugführer*

bonasse *gutmütig*

Vol éclair

Dialogue téléphonique. La cliente:

– Allô! Orly ... Quelle est la durée du voyage Paris-Rome par avion?

L'employé, affairé:

– Une minute, Madame ...

La cliente:

– Merci.

Elle raccroche sans manifester le moindre étonnement.

vol *m Flug*
éclair *m Blitz*

Orly: *Flughafen bei Paris*

affairé *geschäftig*

raccrocher *wieder aufhängen (den Telefonhörer)*
manifester *bekunden*
étonnement *m Erstaunen*

Jamais entendu

Au contraire

A l'issue d'un concert où Jules Pasdeloup avait dirigé un oratorio de Purcell, un admirateur, assez peu connaisseur en musique, demanda au chef d'orchestre.

– C'est un Anglais, n'est-ce pas? Est-ce qu'il compose toujours?

– Non, monsieur, répondit Pasdeloup. Voilà deux cents ans qu'il se décompose.

au contraire *im Gegenteil*

à l'issue (*f*) de *nach*
Pasdeloup, Jules (*1819–1887*), *franz. Dirigent, veranstaltete als erster volkstüml. Konzerte klass. Musik in Paris*
Purcell, Henry (*1658–1695*), *engl. Komponist*
admirateur *m Bewunderer*
chef *m* d'orchestre *Dirigent*
composer *komponieren*

se décomposer *verwesen*

Mélomane

mélomane *m Musikliebhaber*

Dans un récital, Mme et M. Durand écoutent le pianiste qui joue le dos tourné au public. M. Durand consulte le programme et dit à sa femme:

– C'est Chopin, tu connais?

– Attends qu'il se retourne, que je puisse voir! ...

récital *m Klavierabend*
le dos tourné au public *mit dem Rücken zum Publikum*
consulter qch. *in etw. nachschlagen*
se retourner *sich umdrehen*

Impertinent

impertinent *frech, unverschämt*

Midi ..., le bus est complet, à l'arrêt du lycée une grappe de jeunes garçons se précipitent, et poussent, poussent ..., tant et si bien que le receveur s'écrie:

– Descendez, je ne peux pas fermer les portes!

Mais les gamins refusent. Le receveur, furieux, clame:

– Descendez! descendez!

Alors un des jeunes, fort d'une science toute neuve, cite:

– «Nous sommes ici par la volonté du peuple et nous n'en sortirons que par la force des baïonnettes!»

On rit, mais le receveur hurle:

– Qui c'est qui a dit ça?

D'une seule voix les garçons répondent: Mirabeau!

Alors le receveur déchaîne une tempête de rires en criant:

– Qu'il descende, Mirabeau!

complet *besetzt, voll*
arrêt *m Haltestelle*
grappe *f Traube, Knäuel*
receveur *m Schaffner*
descendre *ab-, aussteigen*
gamin *m Bengel*
fort de *gestützt auf*
volonté *f Wille*
hurler *brüllen*
Mirabeau, Honoré-Gabriel de (*1749–1791*), *Jakobiner, glänzender Redner*
déchaîner *entfesseln*

Mal informé

Un voyageur de commerce arrive dans une petite ville de province où il est bloqué par un orage terrible qui transforme la rivière de la ville en torrent.

bloqué *eingesperrt*
orage *m Gewitter*
torrent *m Wild-, Sturzbach*

– On dirait le déluge! dit-il au patron du petit hôtel.

– Le quoi? demande l'hôtelier.

– Le déluge – vous savez bien, cette histoire avec l'arche sur le Mont Ararat!

– J'en sais rien, dit l'hôtelier, ça fait au moins quinze jours que j'ai pas lu les journaux!

déluge *m Sintflut*
patron *m Wirt*

Les deux Bach

L'autre jour, dans une grande boutique des Champs-Elysées, un mélomane demande à une jeune vendeuse quelques nouveaux disques de Bach.

– Lequel, monsieur? s'informa-t-elle. Offen ou Jean-Sébastien?

l'autre jour *neulich*
mélomane *m Musikliebhaber*
disque *m Schallplatte*
Jean-Sébastien *Johann Sebastian*
pourtant *indessen*

Le neveu du général

Pugirol n'était pas plus mauvais soldat qu'un autre. Pourtant le sergent Berlureau «l'avait dans le nez». L'amour, disent les bonnes gens, ne se commande pas. Il y avait, pour le bleu, en toute saison, une réserve toujours fraîche et joyeuse de consignes et de corvées. «Ah! vivement la classe!» soupirait le fusilier condamné le plus souvent à extraire, avec deux ou trois compagnons ... et une fourchette en fer, l'herbe qui cillait entre les pavés d'une arrière-cour. Pugirol mesurait 1m,68 à la toise. Il avait le front bas mi-têtu, mi-rusé, l'œil narquois, un nez passe-partout, mais une bouche mince, droite, pendante et ouverte sur le coin gauche en une sorte de sourire qui donnait la réplique au regard.

avoir q. dans le nez F *j-n auf dem Kieker haben*
commander *befehlen; bestellen*
bleu F *m Rekrut*
réserve *f Vorrat*
consigne *f Stubenarrest*
corvée *f Fron; fig. undankbare Arbeit*
vivement la classe! F *wörtlich „schleunigst den (nächsten) Jahrgang", was die Entlassung des gerade seinen Wehrdienst leistenden Jahrgangs bedeuten würde; entspricht etwa dem deutschen „wenn's nur erst Parole Heimat hieße!"*
fusilier [fyziˈlje] *m Füsilier*
extraire *ausziehen*
ciller [siˈje] *blinzeln*
pavé *m Pflasterstein*
arrière-cour *f Hinterhof*
toise [twɑːz] *f Meßgerät (für Körperlänge)*
têtu *starrköpfig*
rusé *listig; schlau*
narquois [narˈkwa] F *schalkhaft; spöttisch*
un nez passe-partout F *eine Allerweltsnase*
mince *dünn*
pendre *(herab)hängen*
donner la réplique *antworten; entsprechen; kopieren*

Un beau jour, visite du général de division, comte de Monmoulin. Devant des alignements impeccables, cirés, brossés, astiqués, le général passe, glacial et sec. Rien à dire. Il est satisfait. Il se détend. C'est la dernière compagnie; le voici devant le dernier homme... Alerte. Il s'arrête, se penche vers le soldat et lui glisse quelques mots. Deux compagnies au moins – officiers, sous-officiers et soldats – ont été témoins de la halte et du geste: le général vient d'adresser la parole au soldat de deuxième classe, Pugirol. La cour s'emplit de commandements, de pas cloutés, de bruits d'armes.

– Rompez vos rangs!

Le sergent Berlureau est déjà auprès de Pugirol. Il cherche une phrase qui ne commence pas ... par un mot trop sonore. Il a trouvé, mais il ne tutoie plus le soldat Pugirol.

– Alors, comme ça, le général vous a parlé?

– Oui, sergent, répond l'autre, son sourire aux lèvres.

Berlureau n'ose pas insister, mais se le tient pour dit. Le lieutenant, qui est attendu ailleurs, regarde Pugirol avec curiosité; il le découvre. Et voici, dans une moustache à cognac, la grosse voix du capitaine:

– Ah! ah! on est discret. C'est bien. Il y a tout de même des relations qu'on peut avouer...

L'adjudant-chef, lui, gagne ostensiblement le mess. Il n'a pas confiance. Les simples soldats qui ont des accointances avec les généraux, à son avis, «c'est des sortes d'anarchistes». Ce fut le lendemain seulement que le colonel

général *m* de division *Divisionsgeneral*
alignement [aliɲˈmɑ̃] *m ausgerichtete Reihe*
impeccable *tadellos*
cirer *wichsen, bohnern*
brosser *bürsten*
astiquer *putzen;* F *wienern*
glacial *eisig; frostig*
détendre *entspannen*
alerte *f Alarm*
pencher *neigen*

halte *f Halt, Pause, Innehalten*
soldat *m* de deuxième classe *Soldat 2. Klasse (Rekrut, einfacher Soldat)*
emplir *(an)füllen*
commandement *m Kommando; Befehl*
clouter *nageln*
rompez vos rangs! *weggetreten!*

sonore *tönend, klangvoll (hier: ironisch-humorvoll gemeint)*
tutoyer [tytwaˈje] *duzen*

insister *hier: weiterfragen*
mais *(nach Negation) sondern*
se le tenir pour dit *es sich gesagt sein lassen*

moustache *f* à cognac *etwa: Schnauzbart*

relation *f Verbindung, Beziehung*

adjudant-chef *m Hauptfeldwebel*
gagner *erreichen; zustreben*
ostensiblement *adv. ostentativ*
accointance [akwɛ̃ˈtɑ̃:s] *f vertrauter Umgang; enge Beziehung*

se trouva, bien par hasard, sur le chemin de la soupe.

– Ah! ah! fit-il, voilà ce brave Pugirol. Bonjour, bonjour, mon ami!

Le colonel savait son nom. Toute la caserne aussi. On lui vit au bec – un cigare bagué. Berlureau lui payait le litre de «blanc» et la saucisse grillée sous le regard velouté de la cantinière. Il lui expliquait pourquoi il avait dû le brimer quelque peu au début. Sans être sorcier, n'est-ce pas, on devinait vite que Pugirol avait de hautes influences. Alors, à cause des autres, vous comprenez? ...

– Et dire, ajouta-t-il que, non seulement il est général de division, hein? Mais encore qu'il est comte!

– C'est vrai! approuvait Pugirol: comte de Monmoulin!

Il noyait chaque jour un peu plus les mauvais souvenirs. Et ce n'étaient pas des touffes d'herbe qu'on voyait à présent aux dents de sa fourchette! Abolies, oubliées, les corvées! ... Les semaines étaient des chapelets de dimanches. En ville, on disait: «C'est le neveu du général.» S'il rentrait ivre – tout arrive – un homme du poste le ramenait cordialement jusqu'à son lit. Et on le nomma soldat de première classe. Dans six mois, il serait caporal.

– Eh bien! Pugirol! lui demanda, au cœur de cette félicité, le colonel, sommes-nous contents?

– Oui, mon colonel, dit l'autre en saluant à six pas.

– Repos! repos! mon ami. Approchez là. Qu'est-ce que c'est, demain?

– Samedi, mon col...

chemin *m* de la soupe: *„Suppenweg" nennt der französ. Soldat in s-m Jargon den Weg, den er beim Essenholen zurücklegt*

on lui vit au bec F *man sah in seinem Schnabel*

cigare *m* bagué [ba'ge] F *Zigarre mit Bauchbinde*

blanc F *m Weißer* (*v. Wein*)

saucisse *f* grillée [gri'je] *Bratwurst*

velouté *samten, samtweich*

cantinière *f Kantinenwirtin*

brimer *schikanieren*

sorcier *m Zauberer, Hexenmeister*

deviner *erraten*

hein? F *was; wie; nicht?*

noyer *ertränken*

touffe *f Büschel*

abolir *abschaffen, aufheben*

chapelet [ʃa'plɛ] *m Rosenkranz; fig. nicht abreißende Kette*

ivre *betrunken*

soldat *m* de première classe *Soldat 1. Klasse* (*Gefreiter*)

caporal *m Korporal*

félicité *f Glückseligkeit*

repos! *Rührt euch! Rühren!*

– Bon. Et si on allait passer le dimanche au village? Hein? La poule au pot? ... Eh bien! elle est signée, votre permission!

– Merci, mon ...

– Et y a-t-il longtemps que nous n'avons pas eu de nouvelles du général?

– Oui, mon colonel.

– Ah! ah! Un mois? Deux?... Trois!... Oh! oh! depuis son inspection peut-être?... Depuis le jour où il vous a parlé?

– Oui, mon colonel.

– Bizarre! Ça fait tantôt quatre mois, en réalité. Pourtant, il a l'air de s'intéresser à vous, le général? Il s'est arrêté devant vous. Il vous a entretenu avec bienveillance en présence de tout le régiment.

– Heu... Oui, mon colonel.

«Bon! grogna le sergent Berlureau en passant au large, le voilà encore qui cause avec le colonel. J'aimerais autant n'avoir pas ce numéro dans ma section. Sans compter qu'il commence à me coûter cher à la cantine!» Le colonel, cependant, pressait de questions le premier soldat Pugirol.

– Vous disiez que le général vous avait entretenu avec bienveillance. Voyons, entre nous, que vous a-t-il dit exactement ce jour-là? On peut confier ça à son vieux colonel. Le colonel, selon une juste parole, est un peu le père du régiment.

Pugirol était mal à son aise, mais il n'était pas sans psychologie. Il comprit qu'il devait faire au moins trois pas en arrière et se mettre au garde à vous.

– Mon colonel, expliqua-t-il alors, j'aime autant vous le déclarer tout de

permission *f Urlaub*

avoir des nouvelles de q. *von j-m etw. (Neues) hören*

entretenir q. *mit j-m sprechen*

bienveillance *f Wohlwollen*

grogner [grɔˈɲe] *grollen, brummen; schelten*

passer au large *von weitem vorübergehen*

presser q. de questions *j-m mit Fragen zusetzen*

confier *anvertrauen*

il est mal à son aise *ihm ist unbehaglich zumute*

faire un pas en arrière *e-n Schritt zurücktreten*

se mettre au garde à vous *strammstehen*

suite. Le général m'a dit: «Votre capote n'est pas complètement boutonnée.»

Il sembla que ces paroles tombassent dans un trou sans fond. Il se fit un silence terrible. Enfin, le clairon sonna la visite. A ces accents, le colonel retrouva sa voix et ses foudres. Il tonna:

– Ç'est ça que vous a dit le général? Et vous ne pouviez pas le raconter tout de suite? Eh bien! je vous retiens, mon garçon!... Sergent! Sang dieu! Sergent! Sergent!

Berlureau accourait, l'effroi aux yeux, le sang aux joues, les coudes au corps, et, brusquement, fit l'homme de bronze:

– Vous avez laissé cet homme assister à la revue d'inspection du général de division dans une tenue lamentable.

– Mon colonel ... je vous certifie ... que je n'ai pas vu... D'ailleurs, le général...

– Le général a vu, lui, et il l'a dit. Car c'est ça, vous entendez, c'est ça et rien que ça qu'il a dit à cet abruti. Donc, vous aurez huit jours d'arrêts... Non! le maximum: quinze! Et maintenant rompez tous les deux!

Pugirol salua le colonel et sa colère; il salua les cigares, la saucisse, le pinard, la perm, la poule du dimanche, tout son prestige en morceaux. Quant à Berlureau, il explosa:

– Tu auras quatre jours de consigne, pis quat' jours, pis quat' jours, pis jusqu'ici, pis jusque-là, jusqu'à perpète! Et je vais te trousser ça, moi .. Se présenter aux revues avec des capotes sans boutons ... abuser d'une observation du général pour s'en faire un galon de premier soldat... Ce sera tapé, hein? Et tu reprendras la fourchette,

capote *f Waffenrock*
boutonner *zuknöpfen*
trou *m Loch*
clairon *m Horn; Hornist*
sonner la visite *zum Besuch blasen (nämlich zum Besuch beim Stabsarzt, dessen Eintreffen durch ein besonderes Hornsignal bekanntgegeben wird)*
accent *m Ton*
foudre *f Blitz(strahl); fig. Zorn*
tonner *donnern*
je vous retiens F *etwa: das werde ich Ihnen ankreiden!*
sang dieu! *Himmeldonnerwetter!*
effroi *m Entsetzen*
joue *f Wange*
coude *m Ell(en)bogen*
faire l'homme de bronze F *etwa: zum Denkmal erstarren*
revue *f* d'inspection *Besichtigungsparade*
tenue *f Uniform*
abruti *m Dummkopf*
arrêts *m/pl. Arrest*
rompre *wegtreten*
pinard F *m Wein*
perm F *f Urlaub*
pis: *hier dialektisch für* puis
perpète P = perpétuité *f* à perpétuité *in einem fort, auf Lebenszeit*
je vais te trousser ça F *etwa: das werde ich dir eintränken*
abuser de qch. *etw. mißbrauchen*
observation *f Bemerkung*
galon *m Tresse*
ce sera tapé P *das wird bestens gemacht*

fainéant! Et le balai, propre-à-rien! Et le seau, dégoûtant! Ah! il t'a parlé, le général, eh bien! moi j' te cause, maintenant!

Optimiste qu'il était, Pugirol laissa grêler. La troisième semaine, il ne restait plus d'herbe dans l'arrière-cour. Berlureau passa.

– C'est bientôt, sergent, demanda Pugirol avec son sourire agaçant, que je vais être nommé caporal?

– Quatre jours! N. de D... avec motif: ironie malséante envers...

– Allons! allons! intervint l'adjudant-chef, tu vas trop fort, Berlureau. Il m'est sympathique, cet homme, depuis qu'il ne fréquente plus les généraux. Et, en réalité, ses deux galons, il les mérite. C'est un as. On l'a vu à l'œuvre: il a fait marcher tout un régiment! ...

Léon Lafage

fainéant *m Faulenzer*
balai *m Besen*
propre-à-rien *m Taugenichts*
seau [so] *m Eimer*
dégoûtant *m widerlicher Bursche; Ekel*
grêler *hageln*
agaçant [aga'sɑ̃] *aufreizend*
N. d. D. = Nom de Dieu (*ein Fluch, der meist weder voll ausgeschrieben noch vollständig ausgesprochen wird*)
malséant *ungebührlich*
allons! allons! *etwa: na! na!; sachte, sachte!*
intervenir *sich einschalten*
fréquenter q. *mit j-m Umgang pflegen*
as *m As; fig.* F *Kanone*
faire marcher *1. marschieren lassen; in Gang bringen; 2. an der Nase herumführen*

Grandes manœuvres

Un paysan demande à un soldat qu'il voit en train de siffloter, mollement étendu au creux d'un ravin ombragé:

– Vous n'y participez pas, vous, aux grandes manœuvres?

Et le soldat, en fermant les yeux de béatitude:

– Moi, je fais partie du 10% de pertes que l'ennemi nous a infligées. Je suis mort depuis deux jours.

siffloter *halblaut vor sich hinpfeifen*
mollement *adv. träge, lässig*
creux [krø] *m Hohlung, Vertiefung*
ravin *m kleine Schlucht, Hohlweg*
ombragé *schattig*
béatitude *f Glückseligkeit*
faire partie de qch. *zu etw. gehören*
infliger *auferlegen; beitragen*

Définitions

Un optimiste, c'est un homme qui, lorsqu'il attend une femme, laisse tourner le moteur de sa voiture.

tourner *laufen* (*v. Motor*)

L'estomac est un esclave qui doit accepter tout ce qu'on lui donne, mais qui se venge sournoisement comme tous les esclaves.

esclave *m Sklave*
se venger *sich rächen*
sournois *tückisch*

Cette définition est le fruit de la longue expérience d'un automobiliste parisien: *Emplacement pour garer une voiture:* morceau de terrain qui disparaît au moment où vous faites demi-tour pour l'occuper.

expérience *f Erfahrung*
emplacement *m (Park-)Platz*
garer *parken*
disparaître *verschwinden*
faire demi-tour *umkehren, wenden*
occuper *besetzen*

Synonyme: Mot qu'on emploie quand on ne sait pas en orthographier un autre.

employer *benutzen*
orthographier *richtig schreiben*

Difficultés de la langue

Petit nègre

petit nègre F *Negerfranzösisch*

Un Français visitait l'Afrique centrale lorsqu'il recontra un grand chef nègre. Celui-ci émit une série de craquements, de gémissements, de cris suraigus, puis se mit à parler un français parfait et même étonnant:

– Comment allez-vous, sir?

– Crac, crac, très bien, monsieur. Combien de temps allez-vous rester ici? Crac, crac, couic, couic, bing, bing. Longtemps, j'espère? Vous ne repartez pas tout de suite? Crac, crac, zigo-pouic-pouic bzz...

– Mais dites-moi, fit soudain le Français très poli, où avez-vous appris un français si parfait?

– Couic, couic, crac, crac, dit le grand chef, je l'ai appris en écoutant la radio à ondes courtes...

émettre *äußern;* F *von sich geben*
craquement *m Krachen, Knakken*
gémissement *m Stöhnen, Wimmern*
suraigu *schrill*
étonnant *erstaunlich*
repartir *wieder fortgehen*
fit *p. s. von* faire *hier: sagen*
poli *höflich*
onde *f* courte *Kurzwelle*

Plus facile

Marius rencontre Olive sur la Canebière et, voyant une fleur superbe à la boutonnière de son vieil ami, s'écrie:

– Oh! la jolie rose!

– Mais ce n'est pas une rose, proteste Olive, c'est un chrysanthème.

– Un quoi?

– Un chrysanthème!

– Un chrysanthème, comment écris-tu ça?

Olive réfléchit quelques secondes et répond:

– Tu as raison, c'est une rose!

Marius et Olive: *Marseiller Witzblattfiguren; entsprechen den Kölnern Tünnes und Schäl*
Canebière *f Prachtstraße von Marseille*
superbe *herrlich, prachtvoll*
boutonnière *f Knopfloch*
réfléchir *überlegen*

Homophonie

Lors d'une élection d'une reine de beauté, le meneur de jeu demande à l'une des candidates:

– Quel est votre auteur préféré?

– Un mètre soixante-dix.

homophonie *f Gleichklang*
élection *f Wahl*
reine *f* de beauté *Schönheitskönigin*
meneur *m* de jeu *Spielleiter*
auteur *m* préféré *Lieblingsschriftsteller*
'hauteur *f (gleichlautend mit auteur) Höhe, Größe*

Transcription phonétique … à l'américaine

La langue française est pour les gens d'outre-Atlantique pleine de mystères. Aussi un négociant de New York a-t-il cherché et trouvé le moyen de faciliter la prononciation de certaines marques de vins réputés en joignant à sa publicité insérée dans diverses revues américaines un guide de la prononciation. C'est ainsi qu'on peut lire: Beaujolais prononcez «Bow Joe lay»; Chablis «Shah blee»; Château Yquem «Shot Oh Ee-Kem»; Châteauneuf-du-Pape «Shot Oh Neff du Pop»; Médoc «May dock»; Pontet-Canet «Pon Tay Kan nay»; Pouilly-Fuissé «Poo yee Fwee-say»; Saint-Emilion «Sant Ay mee lee on»…

transcription *f* phonétique *phonetische Umschrift, Lautschrift*
outre-Atlantique *jenseits des Atlantiks*
mystère *m Geheimnis*
aussi *(am Satzanfang) daher, folglich*
négociant *m Kaufmann; Großhändler*
faciliter *erleichtern*
prononciation *f Aussprache*
vin *m* réputé *berühmter Wein*
joindre *hinzufügen*
publicité *f Reklame, Werbung*
insérer *inserieren*
revue *f Zeitschrift*
guide *m Führer*

Le négociant en vins a jugé utile d'ajouter ces quelques mots: «prononciation seulement approximative».

juger utile (*es*) *für nützlich halten*

approximatif *annähernd*

Histoires corses

Sans caractère

Deux Corses se rencontrent: «Tu ne sais pas la nouvelle, il paraît qu'Antoine travaille? – Ah! celui-là, qu'est-ce qu'il ne ferait pas pour de l'argent!»

se rencontrer *sich treffen*
paraître *scheinen*

Mentalité corse

Stéfanelli est bien malade et sa femme fait venir le docteur. Celui-ci après avoir examiné le patient, lui ordonne de l'aspirine à fortes doses...

Dès qu'il est parti, madame Stéfanelli commence le traitement et elle donne deux ... puis encore deux aspirines à son mari...

Lorsqu'elle lui tend, pour la troisième fois, le verre d'eau et les deux comprimés, Stéfanelli refuse:

– Non! ... non!

– Mais voyons, mon chéri, ce n'est pas sérieux! ... C'est le docteur qui m'a dit de te donner cela...

– Peut-être! ... mais le docteur, lui, il n'est pas Corse ... il ne peut pas comprendre.

– Comprendre quoi?

– Que l'aspirine c'est terrible pour un Corse! ... Cela fait tellement transpirer, té, que cela rappelle le travail!

examiner *untersuchen*
ordonner *verschreiben*
traitement *m Behandlung*
comprimé *m Tablette*
refuser *ablehnen, zurückweisen*
sérieux *ernst, gefährlich*
rappeler qch. *an etw. erinnern*

Travail de longue durée

Un Parisien vient d'acheter une petite maison sur le flanc de la montagne... Elle est bien exposée et toute pimpante avec ses volets peints en rouge. Pourtant, il manque quelques tuiles sur le toit, et, bien que l'on soit au mois d'août et que la pluie ne menace précisément pas, le Parisien va trouver un des couvreurs du pays. Et il lui demande de venir faire la réparation.

flanc *m Abhang*
exposé *gelegen*
pimpant *schick*
volet *m Fensterladen*
tuile *f Dachziegel*
menacer *drohen*
couvreur *m Dachdecker*

On discute du travail, du prix, et, quand tout paraît réglé, le Parisien s'apprête à s'éloigner.

quand tout paraît réglé *als anscheinend alles geregelt ist*
s'apprêter à *sich anschicken zu*
s'éloigner *sich entfernen*

– Alors, c'est entendu, vous commencez demain ?

– C'est entendu...

– Eh bien, au revoir.

– Au revoir.

Le Parisien a déjà fait quelques pas quand le couvreur le rappelle:

– Ho! dites, monsieur ... il est bien entendu que le prix que je viens de vous faire ne comprend pas le déblaiement de la neige! ...

déblaiement *m Wegräumen*

– Le déblaiement de la neige, en plein mois d'août! ... Mais il n'y a pas de neige en ce moment, mon ami!

– En ce moment, je ne dis pas le contraire, mais avant que j'aie fini de vous remplacer vos treize tuiles...

contraire *m Gegenteil*
remplacer *ersetzen*

Des animaux intelligents

Mythologie

Pour la première fois, la petite mite avait obtenu l'autorisation de voler toute seule.

mite *f Motte*

– Fais bien attention, lui recommande maman mite. Les hommes ne nous aiment pas et essaient de nous tuer!

La petite mite partit. Une heure plus tard, elle était de retour.

– Tu m'as raconté des histoires, maman, dit-elle. Ce n'est pas vrai que les hommes ne nous aiment pas. Dès que j'entrais dans une chambre, tout le monde se levait pour m'applaudir.

faire bien attention *gut aufpassen*
recommander *raten, empfehlen*
raconter des histoires *Märchen erzählen; etw. vorschwindeln*
dès que *sobald, sowie*

Poker

Un touriste entre dans un café et voit trois hommes jouant au poker avec un chien.

– Magnifique, s'écrie-t-il, dresser ainsi un animal. C'est vraiment extraordinaire!

– Lui, dit un des joueurs d'un air dédaigneux, il perd tout le temps. Qu'est-ce que vous voulez, chaque fois qu'il a de bonnes cartes, il faut qu'il remue la queue.

jouer au poker *Poker spielen*
dresser *dressieren, abrichten*
dédaigneux *geringschätzig*
remuer la queue *mit dem Schwanz wedeln*

Mots d'enfants

Pauvreté

La petite Annette dit à son papa:

– Nos voisins doivent être très pauvres, ils sont en train de crier très fort parce que leur bébé vient d'avaler une pièce de deux francs!

voisin *m Nachbar*
pauvre *arm*
avaler (*ver*)*schlucken*
pièce *f* (*Geld-*)*Stück*

Dans quel ordre

On entend des pas dans l'escalier. Robert (8 ans) se précipite vers sa mère:

pas *m Schritt*
escalier *m Treppe*
se précipiter vers q. *auf j-n zustürzen*

– Maman! maman! C'est papa... Qu'est-ce qu'on lui montre d'abord: mes notes de classe, ta nouvelle robe ou sa pipe cassée?

pipe *f Pfeife*
casser *zerbrechen*

Le polisson regimbe

polisson *m Schlingel*
regimber *sich sträuben*

La mère Poisson: «Je savais bien que je te ferais taire, mauvais polisson!» Jean: «D'abord, je ne me tais pas, je me repose!»

se taire *schweigen*
se reposer *sich ausruhen*

Inconsolable

inconsolable *untröstlich*

Pierrot: – Maman, Jeannot m'a cassé mon beau chemin de fer!

La maman: – Voyons, mon chéri, console-toi.

Pierrot: – Non, je ne m'en consolerai jamais... je voulais le casser moi-même!

casser *zerbrechen*
chemin *m* de fer *Eisenbahn*
se consoler *sich trösten*

Roublardise précoce

roublardise *f Durchtriebenheit*
précoce *frühreif*

Maurice est un gamin d'une rare intelligence et d'une effroyable espièglerie. Il n'a que six ans, et il ne croit plus à un tas de choses dont l'enfance, d'ordinaire, s'émerveille, notamment au père Noël qui vient, la nuit du 25 décembre, apporter des jouets dans les souliers des enfants qui ont été sages. Il sait très bien que ces jouets sont mis dans la cheminée par le papa et la maman et aussi par les autres parents.

espièglerie *f Schalkhaftigkeit*
tas [tɑ] *m Haufen*
d'ordinaire *meistenteils*
s'émerveiller *in höchste Verwunderung versetzt werden*
notamment *besonders*
père *m* Noël *Weihnachtsmann*
jouet *m Spielzeug*
sage *artig*
cheminée *f Kamin; Schornstein*

Or, un soir de l'année dernière – Noël approchait – le gamin à genoux dans un coin, avant d'aller se coucher, faisait sa prière. Il y avait dans le salon son oncle, sa sœur et sa grand-mère.

à genoux *kniend*
coin *m Ecke*
faire sa prière *beten*

Tout à coup, après avoir terminé sa prière, Maurice se mit à hurler d'une voix stridente:

– Père Noël, je voudrais bien que tu mettes une bicyclette dans mon soulier. Tu entends, père Noël, une bicyclette, une belle bicyclette.

Et il criait de plus en plus fort.

– Pourquoi hurles-tu comme ça? lui demanda sa sœur. Le père Noël t'entend. Il entend tous les enfants. Le gamin en clignant de l'œil dans la direction de la grand-mère répondit:

– C'est possible! Mais grand-mère qui est sourde comme un pot, n'entend pas, elle!

'hurler *heulen*
strident *gellend*
bicyclette *f Fahrrad*
cligner de l'œil *mit dem Auge einen Wink geben, zwinkern*
être sourd comme un pot *stocktaub sein*

Economie

Bonne nouvelle, papa ... tu fais l'économie du vélo promis pour mon certificat...

faire l'économie *sparen*
vélo F *m Fahrrad*
promettre *versprechen*
certificat *m Zeugnis*

Recherche

Un petit garçon de dix ans a fait paraître cette annonce dans un journal du Lancashire (Angleterre): «Je désirerais entrer en rapport avec des messieurs qui étaient en cinquième en 1943 et ont connu mon père à cette époque. Je voudrais savoir s'il était aussi bon élève qu'il le dit.»

faire paraître *erscheinen lassen*
désirer *wünschen*
entrer en rapport *in Verbindung treten*
en cinquième *in der 5. Klasse*

Pas d'exagération!

exagération *f Übertreibung*

Non, dit la maman, on ne mange pas avec des mains aussi sales! Va te les laver, Brigitte!

Brigitte s'en va. Deux minutes plus tard, elle revient: les mains sont d'une

sale *schmutzig*
laver *waschen*

propreté approximative, mais, aux poignets, il y a une véritable bordure noire.

– Tu appelles cela des mains propres ? dit maman.

– Mais, répond Brigitte, il faut bien que je m'arrête quelque part! ...

propreté *f Sauberkeit*
approximatif *annähernd*
poignet *m Handgelenk*
bordure *f Rand*
s'arrêter *aufhören*
quelque part *irgendwo*

Quelle chance!

A table, le papa dit à ses enfants:

– Quand j'étais petit, ma maman n'était pas assez riche pour me donner de bons desserts comme ceux que vous avez.

Les enfants:

– Bien, alors, papa, tu dois être content, maintenant, d'être avec nous!

dessert *m Nachtisch*

Trop de questions

Jean-Paul questionne:

– Dis, maman, pourquoi papa n'a-t-il pas de cheveux ?

– Parce qu'il pense beaucoup.

– Alors toi, pourquoi as-tu tant de cheveux sur ta tête ?

– Tais-toi et mange ta soupe!

questionner *(aus)fragen*
cheveux *m/pl. Haare*
penser *denken*
se taire *schweigen*

Injure

Le petit garçon revient de l'école, la mine soucieuse.

– Ça ne va pas ? demande sa mère.

– Si ... si ... Dis donc, m'man, à l'école, il y a un copain, tu sais ce qu'il m'a dit ? Que je ressemblais à papa!

– Et qu'est-ce que tu lui as répondu ?

– Qu'est-ce que tu veux que je lui dise ? Il est bien plus fort que moi!

injure *f Beleidigung*
la mine soucieuse *mit sorgenvoller Miene*
si, si *doch, doch*
copain *m Kamerad*
ressembler *ähnlich sein*
répondre *antworten*
fort *stark*

Innocent

innocent *unschuldig*

L'instituteur est un homme extrêmement violent et toute la classe redoute ses colères.

– Voyons, crie-t-il un jour au plus petit et au plus timide de ses élèves, comment peux-tu prouver que la terre est ronde?

– Je vous demande pardon, Monsieur, répond le gamin tout tremblant, je n'ai jamais dit qu'elle était ronde.

instituteur *m Lehrer*
violent *heftig*
redouter *fürchten*
colère *f Wut(anfall)*
timide *schüchtern*
prouver *beweisen*
gamin *m kleiner Junge*; *Bursche*
trembler *zittern*

Chatouilleux

chatouilleux *kitzlig*

L'instituteur demande à l'élève Antoine:

– Combien as-tu de côtes?

– Je ne sais pas, monsieur. Je suis tellement chatouilleux que je n'ai jamais pu les compter.

instituteur *m Lehrer*
côte *f Rippe*
compter *zählen*

Curiosité

curiosité *f Neugier*

Le petit Jojo a reçu en cadeau d'anniversaire un tambour. Quelques jours plus tard, sa mère dit à son père:

– Tu sais, je crois que le voisin de dessous n'aime pas entendre Jojo jouer du tambour.

– Pourquoi? Il te l'a dit?

– Non, mais cet après-midi, il a donné un couteau à Jojo...

– Et alors?

– ... en lui demandant s'il savait ce qu'il y avait à l'intérieur de son tambour.

cadeau *m* d'anniversaire *Geburtstagsgeschenk*
tambour *m Trommel*
dessous *unten*
couteau *m Messer*
à l'intérieur *innen*

Amusant

Pierre entre dans le salon en poussant des cris de paon.

paon [pɑ̃] *m Pfau*
pousser des cris de paon *gellende Schreie ausstoßen*

– Qu'est-ce que tu as? lui demande sa maman.

– Papa est en train d'accrocher des tableaux au premier et il s'est donné un coup de marteau sur le doigt.

– En voilà une affaire! Un grand garçon comme toi ne devrait pas pleurer pour si peu! ça aurait dû te faire rire, au contraire!

– C'est justement, fait le malheureux Pierre en sanglotant de plus belle; ça m'a fait rire!

accrocher *anhängen*
tableau *m Bild*
au premier (étage) *im ersten Stock*
marteau *m Hammer*
en voilà une affaire! *so eine Kleinigkeit!*
pleurer *weinen*
dû *p. p. von* devoir *müssen*
sangloter *schluchzen*
de plus belle *von neuem*

Hors d'atteinte

'hors d'atteinte *in Sicherheit*

Une petite fille se confesse pour la première fois. Et comme elle est visiblement intimidée, le curé tente de la rassurer:

– Voyons, mon enfant, tu n'as pas peur de moi, j'espère?

– Oh non, mon père! ... Il y a un grillage entre nous! ...

se confesser *beichten*
visiblement *sichtbar*
intimidé *eingeschüchtert*
rassurer *beruhigen*
grillage *m Gitter*

Une raison

Un petit garçon, assis sur le trottoir, pleure à chaudes larmes. Son petit chat est mort.

Une dame vient à passer, qui voyant ce triste tableau, s'enquiert du motif de ce gros chagrin; renseignée, elle essaye de consoler le gamin.

– Faut pas pleurer comme ça! dit-elle. Tiens, moi, par exemple, j'ai perdu ma grand-mère, la semaine dernière. Evidemment, j'ai eu de la peine, mais j'ai fini par me faire une raison! ...

– Peut-être! s'écrie le gosse, mais vous l'aviez pas eu toute petite, votre grand-mère! ...

larme *f Träne*
venir à passer *gerade vorbeikommen*
tableau *m Bild*
s'enquérir de *sich erkundigen nach*
chagrin *m Kummer*
renseigné *unterrichtet, aufgeklärt*
consoler *trösten*
gamin *m kleiner Junge*
perdre *verlieren*
peine *f Kummer*
se faire une raison *sich ins Unabänderliche fügen*
gosse *m Bube, Göre*

Quinze ans

Toto a maintenant une tête de plus que son père.

– Tu dois être fier? lui demande une de ses tantes.

– Oh! oui. D'autant plus que maintenant j'espère bien que c'est papa qui va user mes vieilles culottes.

avoir une tête de plus *einen Kopf größer sein*
fier [fjɛ:r] *stolz*
d'autant plus *um so mehr*
culotte *f kurze Hose*

Erreur

Voici une ravissante histoire que raconte Robert Lamoureux à ses amis:

Le petit Charles monte dans un autobus avec sa mère. Sa mère lui fait signe d'aller tout au fond; il va s'y asseoir entre deux bonnes sœurs qui le reçoivent très aimablement. Il est très intimidé, car il est tout jeune. Il regarde ces dames, lève les yeux vers elles et, tout à coup, dit une phrase. La bonne sœur sourit et l'autre aussi. Et le voilà qui parle, parle, parle, avec animation… Sa mère est stupéfaite. Lui, si petit et si timide, elle ne l'a jamais vu dans cet état.

On arrive au terminus, le petit garçon salue les deux bonnes sœurs et sa mère lui dit: «Mais je ne te reconnais pas, qu'est-ce qui t'a pris? Tu bavardes, tu bavardes…»

Alors l'aînée des deux sœurs se penche vers la mère et lui murmure: «Oh! madame, ne détrompez pas le petit; il nous a demandé si nous étions des pingouins … et je n'ai pas eu le courage de lui dire non.»

erreur *f Irrtum*
ravissant *reizend*
Robert Lamoureux *beliebter Pariser Humorist und Filmschauspieler*
faire signe *einen Wink geben, bedeuten*
tout au fond *ganz nach hinten*
bonne sœur *f kath. Kranken- u. Gemeindeschwester (in Ordenstracht)*
intimider *einschüchtern*
sourire *lächeln*
animation *f Lebhaftigkeit*
stupéfait *höchst erstaunt*
terminus *m Endhaltestelle*
qu'est-ce qui t'a pris? *was ist in dich gefahren?*
bavarder *schwatzen*
l'aînée *f die ältere*
se pencher *sich neigen, beugen*
détromper *eines Besseren belehren*
pingouin *m Pinguin*
courage *m Mut*

Quelques petites histoires

Preuve

Un inspecteur de l'enseignement en tournée avec le maire dans une école primaire assiste à une leçon sur la ponctuation. Le maire trouvant que c'est une perte de temps pour les élèves, l'inspecteur pour prouver l'utilité de la leçon fait passer un élève au tableau et lui dit d'écrire:

– Monsieur le maire dit: «L'inspecteur est un âne»!

– Monsieur le maire, dit l'inspecteur, est un âne!

preuve *f Beweis*
inspecteur *m* de l'enseignement *Schulrat*
en tournée *auf Rundgang*
maire *m Bürgermeister*
école *f* primaire *Gemeindeschule*
ponctuation *f Interpunktion*
perte *f* de temps *verlorene Zeit*
prouver *beweisen*
utilité *f Nützlichkeit*
tableau *m Tafel*
âne *m Esel, Dummkopf*

Réprimande

Au cours d'une leçon de morale, le maître vint à parler de la création. Tout à coup, l'un des élèves l'interrompt et s'écrie:

– Monsieur, mon père m'a dit que nous descendons des singes.

– Taisez vous, Dupont, l'histoire de votre famille ne nous intéresse pas.

réprimande *f Verweis*
morale *f Sittenlehre*
maître *m Lehrer*
création *f Schöpfung*
interrompre q. *j-n unterbrechen*
s'écrier *ausrufen*
descendre de *abstammen von*
singe *m Affe*

Statistique

– Pardon, madame, demande un gamin à une vieille dame, vous n'auriez pas perdu un billet de cent francs, ce matin?

– C'est-à-dire ... mais oui, vous l'avez trouvé?

– Non, je fais seulement une petite statistique pour savoir combien il se perd de billets de cent francs dans ce quartier. C'est effrayant, j'en suis déjà à trente-cinq depuis une heure.

gamin *m (Gassen-)Junge*
billet *m (Geld-)Schein*
quartier *m (Stadt-)Viertel*
effrayant [efrɛˈjɑ̃] *erschreckend*

Education

«Notre fils, écrivait le père d'un petit garçon à son instituteur, est très sensible. Si jamais il n'était pas sage, ne le battez pas. Je crois qu'une sévère punition infligée à son voisin l'impressionnerait assez pour qu'il s'améliore immédiatement.

Ecarts de langage

Nous roulons ma femme et moi dans la campagne, quand nous passons devant une voiture rangée au bord de la route et dont l'avertisseur hurle sans discontinuer. Nous nous arrêtons et proposons nos services. Une jeune femme est assise à l'avant, à côté d'un petit garçon qui peut avoir deux ans. A notre grande surprise, nous remarquons qu'elle appuie sur le klaxon. Je lui crie:

– Peut-on vous aider?

– Non, merci! me crie-t-elle à son tour. Nous avons une crevaison, mais mon mari aura vite fait de mettre la roue de secours.

Je suis sur le point de partir lorsque ma femme demande:

– Il y a quelque chose d'anormal avec votre klaxon?

L'espace de quelques secondes, la jeune inconnue lâche le bouton de l'avertisseur et nous entendons des jurons venant de derrière la voiture.

– Il arrive quelquefois, nous dit-elle gentiment en appuyant de nouveau sur le klaxon, que mon mari se laisse aller à quelques écarts de langage quand il est obligé de changer un pneu... Et elle nous fait un signe entendu en regardant le petit garçon.

éducation *f Erziehung*

instituteur *m Lehrer*
sensible *empfindsam*
sage *artig*
battre *schlagen*
punition *f Bestrafung*
infliger *auferlegen*
impressionner *beeindrucken*
s'améliorer *sich bessern*

écart *m Verirrung, Abweichung*
de langage *sprachlich*
rouler F *fahren (v. Auto)*
passer devant qch. *an etw. vorbeikommen*
rangé *abgestellt*
avertisseur *m Hupe*
'hurler *heulen*
discontinuer *aufhören*

à l'avant *vorn*

appuyer *drücken*
klaxon *m Hupe*

avoir une crevaison F *e-e Reifenpanne haben*

roue *f* de secours *Reserverad*
être sur le point de *im Begriff sein, sich anschicken*

espace *hier: Zeitraum*
lâcher *loslassen*

juron *m Fluch*

gentiment *adv. liebenswürdig*
se laisser aller *sich hinreißen lassen*

Au restaurant

Etonnement

Voici une demi-heure que le client attend d'être servi:

– Ah! garçon! C'est bien vous qui avez pris ma commande? C'est drôle! Je m'attendais à vous trouver vieilli!

étonnement *m Erstaunen, Verwunderung*
commande *f Bestellung*
s'attendre à *darauf gefaßt sein*
vieillir *altern*

Musique et gastronomie

Dans un restaurant où sévit un orchestre, le garçon apporte à un client un beefsteak quelconque, au lieu d'un chateaubriand commandé.

– Garçon, demande-t-il, qu'est-ce que ce morceau?

Et le garçon mélomane lui répond:

– C'est un morceau de la Veuve Joyeuse.

sévir *wüten, sein Unwesen treiben*
quelconque F *x-beliebig; sehr mittelmäßig*
chateaubriand *m Rinderfilet*
mélomane *m Musikfreund*
Veuve *f* Joyeuse *Lustige Witwe*

Un grincheux

M. Martin est un vieux bougon. L'autre jour, dans le restaurant, il appelle le garçon et le rabroue vertement.

– Ecoutez, lui dit-il, si la prochaine fois vous servez le potage aussi chaud à mes voisins, je serais obligé de me plaindre à votre patron.

– Mais, excusez-moi, répond le garçon, qu'est-ce que ça peut bien vous faire si je sers le potage trop chaud à vos voisins. Ce n'est pas vous qui le mangez!

– Evidemment, ce n'est pas moi. Seulement, voilà: à droite et à gauche, ces messieurs soufflent tellement dans leur potage que je suis depuis dix minutes dans un véritable courant d'air!

grincheux *m Nörgler*
bougon *m Brummbär*
l'autre jour *neulich*
garçon *m Kellner*
rabrouer *anschnauzen*
vertement *scharf*
potage *m Suppe*
obliger *zwingen*
se plaindre à *sich beschweren bei*
patron *m Chef*
qu'est-ce que ça peut bien vous faire *was geht Sie das an*
évidemment *das ist klar*
souffler *pusten*
courant d'air *m (Luft-)Zug*

Chez le coiffeur

Conséquence

– Vous avez mangé de la sauce tomate, monsieur?
– Non.
– Alors, c'est que je viens de vous couper la gorge.

conséquence *f Folgerung*
manger *essen*
couper *durchschneiden*
gorge *f Kehle*

Souvenirs

Un monsieur, les joues tailladées de cicatrices, entre chez un coiffeur. Celui-ci le regarde et demande:
– Est-ce que je ne vous ai pas déjà vu quelque part?
– Non, répond le monsieur, ce sont des souvenirs de guerre.

joue *f Wange*
taillader *einschneiden, zerfetzen*
cicatrice *f Narbe*
quelque part *irgendwo*

Un petit verre dans le nez

avoir un petit verre dans le nez F *einen kleinen Schwips haben*

Raison valable

raison *f* valable *stichhaltiger Grund*

Un ivrogne invétéré avait été mis par son médecin au régime lacté. Résigné, mais écœuré, il dit à sa femme, le deuxième jour:
– Je comprends maintenant pourquoi les bébés pleurent tout le temps.

ivrogne *m Säufer, Trunkenbold*
invétéré *eingefleischt*
régime *m Diät*
lacté *Milch...*
résigné *gefaßt, ergeben*
écœuré *angewidert*

Politesse

politesse *f Höflichkeit*

Le receveur d'un train de banlieue voit arriver un voyageur et se met à rire.
– Pourquoi riez-vous? lui demande le voyageur.
– Oh! l'autre jour vous en teniez une soignée, hein?

receveur *m Schaffner*
train *m* de banlieue *Vorortzug*
en tenir une soignée F *einen mächtigen Zacken in der Krone haben*

– Bon, dit le voyageur. Soit. J'avais bu un verre de trop. Ça peut arriver à tout le monde. Mais c'est ça qui vous fait rire comme ça?

– Non! dit le receveur, pas ça. Ce qui me fait rire, c'est que vous avez cédé votre place à une voyageuse.

– Et qu'est-ce qu'il y a de si drôle à ça? Une dame est debout. Vous, vous êtes assis. Vous vous levez et vous demandez à la dame: «Est-ce que vous désirez vous asseoir, Mademoiselle?» Ça m'arrive très souvent. Qu'est-ce qu'il y a de drôle à ça?

– Rien. Ce qui est plus drôle, c'est que vous étiez seul avec la dame dans le train.

bu *p. p. von* boire *trinken*
arriver *geschehen, passieren*
céder *abtreten, überlassen*

être debout *stehen*
être assis *sitzen*
se lever *aufstehen*
s'asseoir *sich setzen*

Inamendable

Sa femme n'était pas peu furieuse de le voir rentrer avec un verre dans le nez.

– Si c'était la première fois, passe encore. Mais quand je pense que tu m'as fait le même coup en novembre 1936!

inamendable *unverbesserlich*

furieux *wütend*
avoir un verre dans le nez F *einen Schwips haben*
passe encore *etwa: das mag noch hingehen, das wäre verzeihlich*
coup *m hier: Streich*

Illusion d'optique

Pierre Brasseur a suivi un noctambule très éméché, qui après quelques pas hésitants, buta encore contre un bec de gaz.

– Pardon! dit-il très poliment.

Il continua et heurta un second lampadaire. Mêmes excuses. Puis un troisième, un quatrième... Alors, l'homme s'assit sur le trottoir. Pierre Brasseur lui demanda pourquoi:

– S'excuser tout le temps, ah non! fit le poivrot. Je préfère laisser passer le cortège.

Brasseur, Pierre *bekannter franz. Filmschauspieler*
noctambule *m Nachtschwärmer*
éméché F *beschwipst*
pas *m Schritt*
hésitant *zögernd*
buter *stoßen*
bec *m* de gaz F *Gaslaterne*
'heurter qch. *an etw. stoßen*
lampadaire *m Straßenlaterne*

poivrot P *m Trunkenbold*
cortège *m (Auf-, Um-)Zug*

Anecdotes

Test

Claude Bernard reprochait souvent à ses étudiants de manquer de sens d'observation. Un jour, devant leurs protestations, il prit un flacon rempli d'une substance chimique et leur dit:

«Pour reconnaître un corps, il ne faut pas hésiter, dans certains cas, à le goûter.»

Il plongea donc un doigt dans le flacon, goûta et passa le flacon aux étudiants. Chacun répéta son geste et fit aussitôt la grimace. «Expérience concluante, dit alors Claude Bernard. Une fois de plus l'essentiel vous a échappé. C'est le deuxième doigt que j'ai plongé dans le flacon, mais le troisième que j'ai porté à ma bouche.»

Bernard, Claude (*1813–1878*), *franz. Physiologe*
reprocher *vorwerfen*
sens *m* d'observation *Beobachtungsgabe*
protestation *f Protest; Beteuerung*
flacon *m Fläschchen*
hésiter *zögern*
goûter *kosten*
plonger *eintauchen*
faire la grimace *das Gesicht verziehen*
expérience *f Experiment, Versuch*
concluant *beweiskräftig, schlüssig*
essentiel *m Hauptsache, Wesentliche(s)*
échapper *entgehen*

Où la médecine ne peut rien

Rencontrant Jules Romains, le professeur Mondor lui raconte le cas d'un de ses malades qui, d'après toutes les règles le la science, devrait être mort depuis dix ans. Or il vit toujours et ne paraît pas près de céder au mal.

– Cela prouve, répond le père du «Docteur Knock», que même la science médicale est impuissante là où le malade est vraiment bien décidé à vivre!

Romains, Jules *franz. Schriftsteller, Verfasser des (auch verfilmten) Lustspiels «Knock ou le triomphe de la médecine»*
céder à qch. *sich von etw. überwältigen lassen*
mal *m Leiden, Krankheit*
impuissant *machtlos*
décidé *entschlossen*

Confraternité

Un jeune acteur, très imbu de son immense talent, plutôt imaginaire, avait enfin obtenu un petit rôle. Fière-

confraternité *f Kollegialität*
acteur *m Schauspieler*
imbu de *fig. durchdrungen von*
imaginaire *eingebildet, vermeintlich*
fièrement *adv. stolz*

ment, il entra dans un restaurant où se trouvait, par hasard Pierre Brasseur.

– Bonjour, cher collègue! dit le jeune acteur à Brasseur.

Alors, celui-ci, surpris:

– Comment ça, collègue? Vous êtes philatéliste, vous aussi?

par 'hasard *zufällig*
Pierre Brasseur *bekannter franz. Schauspieler*
surpris *überrascht*
philatéliste *m Briefmarkensammler*

Polyglotte

polyglotte *vielsprachig*

Un journaliste demanda à Toscanini s'il parlait beaucoup de langues.

– Quatre, répondit le maestro. Quand je parle à une jolie femme, je parle français. En discutant de mes cachets, j'emploie l'anglais. Quand je veux faire peur à quelqu'un, je parle allemand. Et, finalement, quand je me coupe en me rasant, je me sers de ma langue maternelle...

Toscanini, Arturo *(1867–1957), ital. Dirigent*
cachets [kaˈʃɛ] *m/pl. Honorare*
employer *benutzen*
se couper *sich schneiden*
se raser *sich rasieren*
se servir *sich bedienen*
langue *f* maternelle *Muttersprache*

Limite d'âge

– Une Parisienne, racontait Charles Trenet à des amis américains, est ravissante à vingt ans, magnifique à trente ans, incroyablement belle à quarante ans!

– Continuez! dit un de ses amis, voyant que Trenet s'arrêtait là.

– Comment, continuer? dit Trenet. Aucune Parisienne n'est assez bête pour dépasser la quarantaine...

Trenet, Charles *bekannter franz. Chansonnier*
ravissant *entzückend*
magnifique *herrlich, prachtvoll*
incroyablement [ɛ̃krwajabləmɑ̃] *adv. unglaublich*
continuer *fortfahren*
bête *töricht*
dépasser *überschreiten*
quarantaine *f (die) Vierziger*

Semblable

semblable *ähnlich, gleich*

Stokowski vint un jour dans une petite ville du Middle-West, où l'on était très fier de l'orchestre symphonique local.

Stokowski, Leopold *poln. Komponist und Dirigent, in USA tätig*
fier [fjɛːr] de *stolz auf*

– Que pensez-vous de notre premier violon? demanda quelqu'un au grand chef d'orchestre.

– Il me rappelle Edison.

– Edison? Mais Edison n'était pas violoniste!

– Justement.

premier violon *m erster Geiger; Konzertmeister*
chef *m* d'orchestre *Dirigent*
rappeler q. *an j-n erinnern*
Edison, Thomas Alva (*1847 bis 1931*), *nordamerikan. Erfinder*
justement *genau*

Explication

Jean Marchat a dit à un jeune acteur qui avait «auditionné» devant lui le rôle de Hamlet: «Merci, monsieur. Maintenant je comprends le suicide d'Ophélie!»

Jean Marchat *Pariser Theaterregisseur*
auditionner *zur Probe sprechen*
suicide [sɥiˈsid] *m Freitod*
Ophélie *Ophelia*

Adieux

adieux *m/pl. Abschied*

Après avoir dîné frugalement dans un bistro, Tristan Bernard, jugeant l'addition excessive, appela le patron.

– Embrassez-moi! lui dit-il.

– Mais monsieur...

– Embrassez-moi, voyons...

– Mais, pourquoi, monsieur? lui demande le patron interloqué.

– Parce que vous ne me verrez plus.

frugal *mäßig, einfach* (*von Speisen*)
bistro P *m Schenke, Kneipe*
Bernard, Tristan (*1866–1947*), *franz. Komödienschreiber und Humorist*
addition *f Rechnung* (*nur in Gaststätten*)
excessif *übertrieben hoch*
patron *m Wirt*
embrasser *umarmen, küssen*
interloqué *bestürzt*

Par erreur

par erreur *irrtümlich*

En prenant de l'âge, Puccini devenait de plus en plus acariâtre. Il se brouilla avec Toscanini, car celui-ci avait fait exécuter, avec succès, une œuvre qui n'était pas de lui. C'était Noël et, tous les ans, Puccini envoyait à Toscanini une friandise. Cette année, oubliant qu'ils étaient fâchés, Puccini fit apporter à Toscanini un «panetone». Peu après, s'apercevant de son erreur, Puccini télégraphia à Toscanini: «Pane-

prendre de l'âge *älter werden*
acariâtre *mürrisch, zänkisch*
se brouiller *sich überwerfen, entzweien*
exécuter *vortragen, spielen*
succès [syˈksɛ] *m Erfolg*
friandise *f Leckerbissen*
fâché *böse*
panetone *m* (*ital.*) (*Weihnachts-*)*Stolle*

tone envoyé par erreur, Puccini»; et Toscanini: «Panetone mangé par erreur, Toscanini».

Concert champêtre

Le grand compositeur finlandais Jean Sibelius se promenait en compagnie d'un ami dans la forêt proche de Tavastehus, sa ville natale. C'était le printemps et les oiseaux dans les arbres s'en donnaient à cœur joie. Sibelius s'amusait à identifier les auteurs de ce concert champêtre, jeu auquel il excellait. Soudain, au milieu des gazouillements des fauvettes et des pinsons, éclate le croassement discordant d'un corbeau. Sibelius fronce le sourcil.

– Quel est cet oiseau? demande le compagnon du compositeur.

– Un critique! répond froidement Sibelius.

champêtre *ländlich*
compositeur *m Komponist*
natal *Geburts...*
s'en donner à cœur joie *sich vergnügen*
exceller à qch. *in einer Sache Großes leisten*
gazouillement *m Zwitschern*
fauvette *f Grasmücke*
pinson *m Buchfink*
croassement *m Krächzen*
corbeau *m Rabe*
froncer le sourcil *die Stirn runzeln*

Dissipation

Rossini apprit un jour qu'en France quelques-uns de ses riches admirateurs avaient formé le projet de lui ériger une statue. «Combien coûtera-t-elle? demanda le musicien. – Environ dix millions, lui répondit-on. – Dix millions! s'exclama Rossini. Mais, pour la moitié, je serais prêt à monter moi-même sur le piédestal.»

dissipation *f Verschwendung*
admirateur *m Bewunderer*
ériger *errichten*
s'exclamer *ausrufen*
moitié *f Hälfte*
être prêt *bereit sein*
piédestal *m Sockel*

L'âge normal d'un vieillard

Quand Gounod avait une quarantaine d'années, un de ses amis lui demanda:

vieillard *m Greis*
Gounod, Charles (*1818–1893*), *franz. Komponist*

– Quel âge donneriez-vous à Faust au premier acte?

– Ma foi, dit le maître, l'âge normal d'un vieillard, soixante ans.

Vingt ans plus tard, lors d'une nouvelle mise en scène de l'opéra, on lui posa la même question.

– Ma foi, dit-il, l'âge normal d'un vieillard, quelque quatre-vingts ans.

ma foi! *meiner Treu!, nun!*
lors *gelegentlich, bei*
mise *f* en scène *Inszenierung*
quelque *adv. rund, ungefähr*

Distraction

André-Marie Ampère était terriblement distrait. Un jour qu'il dînait chez des amis et que la chère était mauvaise, il s'écria soudain:

– C'est décidé, demain, je flanque cette cuisinière à la porte!

distraction *f Zerstreutheit*
Ampère, André-Marie (*1775 bis 1836*), *franz. Mathematiker und Physiker*
distrait *zerstreut*
chère *f Kost, Essen und Trinken*
flanquer à la porte *an die Luft setzen*

Pas drôle

Churchill raconte l'histoire suivante:

– Il était une fois un officier de cavalerie si bête, que les autres officiers de cavalerie s'en étaient aperçus.

A ce moment l'illustre narrateur s'arrête et ajoute:

– Vous la trouvez drôle, eh bien, moi, je ne la croyais pas drôle du tout. Parce qu'au banquet des officiers de cavalerie je l'ai racontée, personne n'a ri.

bête *dumm*
s'apercevoir de qch. *etw. bemerken*
illustre *berühmt*
narrateur *m Erzähler*
la: *gemeint ist* la blague (*Witz, Scherz*) *oder auch:* l'histoire

Offense réciproque

Jean Anouilh reçoit d'un directeur de théâtre deux places pour une «première», avec le mot suivant:

Venez avec un ami si vous en avez un.

Et répond à cette offense bien gratuite par le mot suivant:

offense *f Beleidigung*
réciproque *gegen-, wechselseitig*
Anouilh, Jean *franz. Dramatiker*
première *f Uraufführung*
gratuit *grundlos, mutwillig*

Je viendrai à la seconde représentation, s'il y en a une.

représentation *f Vorstellung*

Le meilleur conseil

conseil *m Rat*

Un de ces médecins du président Eisenhower, bavardant familièrement avec lui, lui demandait quel était le meilleur conseil qu'il ait reçu durant sa vie:

– Celui d'épouser la jeune fille qui est aujourd'hui ma femme.

– Et qui vous l'avait donné?

– Elle! fit Ike en souriant.

bavarder *schwatzen, plaudern*
durant sa vie *in seinem Leben*
épouser *heiraten*

A tout hasard

à tout 'hasard *für alle Fälle*

Martine Carol ne surestimait pas ses dons culinaires, et, d'habitude, elle n'essayait même pas de faire la cuisine. Mais, une fois, elle voulut faire une surprise à son mari, et elle prépara donc une magnifique tarte.

– Hum, dit Christian-Jaque en y goûtant, qu'est-ce que tu as mis là-dedans?

– Beaucoup de bonnes choses, répondit Martine. Mais pourquoi me le demandes-tu?

– On ne sait jamais, répondit Christian-Jaque, peut-être que le médecin me le demandera...

Martine Carol *bek. franz. Filmschauspielerin, war verheiratet mit dem Regisseur Christian-Jacque*
surestimer *überschätzen*
don *m Fähigkeit, Gabe*
culinaire *Kochkunst..., Küchen...*
faire la cuisine *kochen*
surprise *f Überraschung*
tarte *f Torte*
goûter à qch. *etw. kosten*
mis *p. p.* von mettre *hier: hineintun*

Méfiance

méfiance *f Mißtrauen*

Présentée à Jean-Paul Sartre, une jeune Américaine a dit:

– Alors, c'est vrai, vous êtes vraiment Jean Paul Sartre?

– Oui. Pourquoi serais-je un autre?

Sartre, Jean-Paul *franz. Schriftsteller*

– C'est que, voyez-vous, il y a quelque temps, on m'a présenté Mallarmé, et ce n'est que huit jours après que j'ai appris que ce n'était pas lui.

Mallarmé, Stéphane (*1842 bis 1898*), *franz. Dichter*
apprendre *erfahren*

Vœu exaucé

Eric von Stroheim, à un journaliste qui lui demandait si un de ses espoirs d'enfance s'était réalisé, a répondu: «Oui, chaque fois que ma mère me brossait les cheveux, je priais le ciel de n'en pas avoir.»

vœu *m Wunsch*
exaucer *erhören*
Stroheim, Eric von (*1885 bis 1957*), *öster. Regisseur und Schauspieler, in USA tätig*
réaliser *verwirklichen*
brosser *bürsten*

Du tac au tac

Le grand tragédien Devrient jouait un jour le rôle de Richard III. Il en était arrivé à la scène où le roi s'écrie, après la bataille: «Un cheval! Un cheval! Mon royaume pour un cheval...», quand une voix sonore retentit du premier balcon:

«Un âne, ça suffit?»

Alors Devrient, avec un aimable sourire: «Bien sûr! Descendez sur-le-champ!»

du tac au tac *etwa: prompte Antwort; schlagfertig*
tragédien *m Tragöde*
s'écrier *ausrufen*
bataille *f Schlacht*
retentir *ertönen*
âne *m Esel*
sur-le-champ *sofort*

Promesses

Comme Jack London tardait à envoyer à une revue une nouvelle qu'il avait promise, le directeur, un de ses amis, lui écrivit ce mot:

– Mon cher Jack, si je ne reçois pas ta nouvelle dans les vingt-quatre heures, je monte chez toi et t'envoie un grand coup de pied quelque part. Et je tiens toujours mes promesses.

promesse *f Versprechen*
London, Jack (*1876–1916*), *engl. Romanschriftsteller*
tarder *säumen*
revue *f Zeitschrift*
nouvelle *f Novelle*
dans *hier: binnen*

La réponse ne se fit pas attendre:

– Mon cher Dioz, si je faisais tout mon travail avec mes pieds, je tiendrais aussi mes promesses.

se faire attendre *auf sich warten lassen*

Citation évangélique

Le pape Léon XIII avait beaucoup d'esprit. Un peintre avait fait son portrait, mais il lui avait donné l'air si dur, si dur, qu'on l'eût dit prêt à sortir du cadre pour pourfendre un adversaire. Quand l'auteur lui présenta son œuvre, le souverain pontife s'écria: «Seule une citation évangélique serait digne de ce portrait!» Le peintre s'inclina, flatté. Le soir, on demanda au pape à quelle citation il avait fait allusion. En silence, il ouvrit l'Evangile à la page où le Christ, calmant la tempête, marche sur les flots, pour la plus grande frayeur des apôtres. Et son ongle souligna le verset: «N'ayez pas peur, c'est moi.»

citation *f Zitat*
évangélique *aus dem Evangelium*
Léon XIII *Leo XIII., Papst von 1878–1903 (Enzyklika „Rerum novarum")*
dur *streng*
cadre *m Rahmen*
pourfendre *mit e-m einzigen Säbelhieb durchhauen; fig. angreifen*
souverain *m* pontif *Papst*
s'incliner *sich verbeugen*
faire allusion *anspielen*
frayeur *f Schrecken*
apôtre *m Apostel*
verset *m Bibelvers*

Orgueil

Il était question, entre académiciens, de l'orgueil incommensurable d'Henry de Montherlant:

– Oui, fit l'un des Immortels. A chacun de ses anniversaires, il envoit un télégramme de félicitations à sa mère!

orgueil [ɔrˈgœːj] *m Stolz; Überheblichkeit*
académicien [akademiˈsjɛ̃] *m Mitglied der Akademie*
incommensurable *unermeßlich*
immortel (*m*) *unsterblich (die 40 Mitglieder d. Académie française werden scherzhaft die „Immortels" genannt)*

Le roi boit

On la raconte à l'hôtel Matignon… Où elle est née dans un esprit fertile… Le général de Gaulle cherche une résidence présidentielle. Et s'informe au-

on la (*nämlich: la blague*) raconte *man erzählt sich diesen Witz*
hôtel *m* Matignon: *Amtssitz des Ministerpräsidenten*
fertile *fruchtbar, einfallsreich*

près d'un fonctionnaire spécialisé. Vizille? N'en parlons pas! Rambouillet? Trop grand! Bagatelle? Trop petit! Reste Marly. Pas mal, Marly! Le général réfléchit, s'inquiète. Aura-t-il le calme nécessaire?

– Oh! c'est très calme, monsieur le président. Votre prédécesseur y donnait des petits soupers fins...

Le général en perd ses lunettes.

– M. Coty? Des soupers fins?

Le fonctionnaire a un geste auguste.

– Votre prédécesseur, monsieur le président! Je veux dire Louis XIV, naturellement!

auprès de *bei*
fonctionnaire *m Beamter*
Vizille: *Schloß in den Alpen (Departement Isère)*
Rambouillet: *ehemal. Königsschloß im Dep. Seine-et-Oise; bisher Sommerresidenz d. Präs. d. Rep.*
Marly(-le-Roi): *unter Ludwig XIV. westl. v. Paris erbautes Schloß, von dem nach den Wirren der Revolution nur noch der Jagdpavillon erhalten ist*
prédécesseur *m Vorgänger*
petit souper fin *m intimes Nachtmahl*
...en perd ses lunettes *verliert vor Überraschung seine Brille*
auguste *erhaben; respektvoll*

Problèmes d'artiste

Franchise d'artiste

Un grand peintre de portraits n'aime pas à faire des portraits de femmes. Il dit:

– Si je les fais telles qu'elles sont, elles ne se trouvent pas assez belles; si je les flatte, la ressemblance n'y est plus.

Un jour, une dame qui se farde outre mesure, et dont il reproduisait les traits, se plaint de ce qu'il n'emploie pas d'assez belles couleurs. Elle lui demande où il les achète.

– Je crois, madame, lui répond le grand portraitiste, que c'est le même marchand qui nous les vend à tous deux.

franchise *f Aufrichtigkeit, Offenheit*
artiste *m Künstler*
peintre *m Maler*
flatter *schmeicheln*
ressemblance *f Ähnlichkeit*
se farder *sich schminken*
outre mesure *über alle Maßen*
trait *m (Gesichts-)Zug*
employer *benutzen*
couleur *f Farbe*
marchand *m Kaufmann*
vendre *verkaufen*

La vocation manquée

Comme Corot, le fils de M. Dupont n'a pas voulu continuer les affaires

vocation *f Berufung*
manqué *verfehlt*
Corot *(1796–1875), franz. Landschaftsmaler*

paternelles. L'art l'attirait; il a cru avoir la vocation de peintre. Il a quitté sa province pour se rendre à Paris. Mais le succès n'est pas venu et la gloire non plus.

Un jour, il rencontre, sur les boulevards, un pays, de passage à Paris.

– Et la peinture marche-t-elle? lui demande celui-ci. Avez-vous déjà vendu quelque chose?

D'un ton lamentable, le raté lui répond:

– Oh! oui: la plupart de mes meubles et mon dernier complet.

paternel *väterlich*
attirer *anziehen*
peintre *m Maler*
succès *m Erfolg*
pays F *m Landsmann*
de passage *auf der Durchreise*
peinture *f Malerei*
marcher *gehen*
lamentable *jämmerlich*
raté *m verkanntes Genie*
complet *m Anzug*

Logique

Alternative

Dans un bar parisien, un client est assis devant son verre vide. Visiblement, il réfléchit.

– Est-ce que je prendrai encore un verre? Mon estomac dit oui, mon cerveau dit non. Bon. Mais mon cerveau est plus intelligent que mon estomac, non? Bon. Et comme c'est toujours le plus intelligent des deux qui cède, eh bien, je prendrai encore un verre!

client *m Gast, Kunde*
être assis *sitzen*
visiblement *offensichtlich*
réfléchir *überlegen*
estomac [ɛstɔˈma] *m Magen*
cerveau *m Gehirn; fig. Verstand*
céder *nachgeben*

Question idiote

– Votre mari a-t-il l'habitude de parler tout seul?

– Je ne sais pas, je n'ai jamais été avec lui quand il était seul.

question *f* idiote *dumme Frage*
habitude *f Gewohnheit*

Tout clair

C'est l'oral du baccalauréat. Une affreuse journée, quoi.

– Voyons, voyons, ne vous énervez pas, dit l'examinateur, que s'est-il passé en 1483?

L'élève soulagé:

– En 1483? C'est la naissance de Luther.

– Bravo, mon ami, bravo, et en 1488?

Et l'élève:

– En 1488 ... heu ... eh bien! ... Luther avait cinq ans.

oral *m mündliche Prüfung*
baccalauréat *m Abitur*
affreux *entsetzlich*
s'énerver *nervös werden*
examinateur *m Prüfer*
soulager *erleichtern*

Recettes imprévues

recette *f (Geld-)Einnahme*
imprévu *unvorhergesehen*

Leçon de politesse

L'autocar démarre tandis qu'une dame cherche vainement des yeux une place pour s'asseoir. Un voyageur s'émeut, avisant un jeune garçon confortablement installé, il lui propose:

– Deux francs pour toi si tu cèdes ta place à la dame.

L'autre se lève aussitôt et le monsieur, après lui avoir donné l'argent promis, se tourne galamment vers la dame. Mais celle-ci proteste déjà:

– Oh! non, dit-elle avec confusion. Je ne puis accepter une place que vous avez dû payer...

– N'ayez aucun scrupule, Madame, dit alors le voyageur. Je ne l'ai fait que pour donner une leçon de politesse à ce gamin.

La dame s'asseoit. Puis, elle se tourne vers ledit gamin:

politesse *f Höflichkeit*
autocar *m Reisebus*
démarrer *starten, abfahren*
vainement *adv. vergeblich*
s'émouvoir *Mitgefühl zeigen*
aviser *bemerken*
proposer *vorschlagen*
céder *abtreten*
galamment *adv. artig, galant*
confusion *f Verwirrung, Beschämung*
dû *p. p. von* devoir *müssen*
scrupule *m Bedenken*
gamin *m Schlingel, Bengel*
ledit *besagter*

– Rodolphe, mon petit, lui dit-elle d'une voix douce. Est-ce que tu as remercié le monsieur pour ses deux francs?

remercier q. *sich bei j-m bedanken*

Le plus fainéant des deux…

fainéant *müßig, faul*

Le directeur de cette grande entreprise, fortement abruti par des années d'excès de table, a pour habitude de tuer son désœuvrement en se promenant, les mains dans les poches, dans les différents services de sa firme. Un jour, à la réception des marchandises, il aperçoit un employé commodément assis sur une caisse et occupé à lire un journal. Il lui demande aussitôt, d'un ton ironique et bourru:

entreprise *f Unternehmen*
abruti *verdummt*
excès *m/pl.* de table F *kulinarische Ausschweifungen*
désœuvrement *m Müßiggang, Untätigkeit*
service *m Dienststelle, Abteilung*
réception *f* des marchandises *Warenannahme*
employé *m Angestellter*
commode *bequem*
caisse *f Kiste, Kasten*
bourru *mürrisch*

– Combien gagnez-vous par semaine, mon garçon?

– Trois cents francs, monsieur.

– Très bien! reprend le patron. En voici six cents et fichez-moi le camp de ma maison.

fichez-moi le camp F *machen Sie, daß Sie wegkommen*

Puis, se tournant vers le chef de service, il lui dit d'un air rogue:

rogue *schroff*

– Depuis quand avez-vous engagé cette espèce de fainéant?

cette espèce de fainéant F *etwa: dieses faule Stück*

– Je ne l'avait pas engagé, répond l'autre. C'est le garçon livreur d'un fournisseur qui attendait qu'on lui rende ses emballages vides…

garçon *m* livreur *Lieferjunge*
fournisseur *m Lieferant*
emballage *m* vide *Leergut*

Méchancetés

méchanceté *f Boshaftigkeit*

Manque d'éducation

Une jeune femme bavarde disait un jour à son mari:

bavard *geschwätzig*

– Il y a vraiment des gens qui manquent d'éducation. Quand je pense que

il manque d'éducation *es fehlt ihm an Erziehung*

la petite X... n'a pas arrêté de bâiller pendant tout le temps que notre conversation a duré.

– Mais chérie, es-tu certaine qu'elle bâillait? Peut-être qu'elle essayait tout simplement de placer un mot...

bailler *gähnen*
conversation *f Unterhaltung*
durer *dauern*
certain *sicher*

Mine superbe

superbe *prächtig*

– Dès que je commence à me disputer avec mon mari, j'envoie les enfants jouer dehors.

– Ils ont une mine superbe; on voit qu'ils sont souvent au grand air!

se disputer *sich zanken*
jouer *spielen*
au grand air *in der frischen Luft*

Sans égards

sans égards *rücksichtslos*

Une jeune femme déclare à sa meilleure amie qui l'invitait à son anniversaire:

– Comment, tu vas mettre le nombre de bougies correspondant à ton âge! Tu n'as pas peur que les invités soient incommodés par la chaleur?

anniversaire *m Geburtstag*
bougie *f Kerze*
correspondre *entsprechen*
incommoder *belästigen*

Embarras

La maîtresse de maison: «La cloison de mon appartement moderne est tellement mince que les voisins entendent tout ce que nous disons.»

La dame en visite: «Vous n'avez qu'à faire ajouter un rang de briques.»
La maîtresse de maison: «Oui, mais alors, nous n'entendons plus ce qu'ils disent!»

cloison *f Scheidewand*
mince *dünn*
vous n'avez qu'à faire *Sie brauchen nur*
rang *m Schicht*
brique *f Backstein*

En voyage

Bon accueil

M. Lenoir au cours d'un voyage d'affaires descend dans l'unique hôtel d'une petite ville.

– Avez-vous une chambre à louer? demande-t-il à l'hôtelier.

– Mais oui, monsieur; nous en avons à dix francs et à douze francs.

– Et quelle est la différence?

– Dans les chambres à douze francs, il y a une souricière.

au cours de *im Laufe von*
voyage *m* d'affaires *Geschäftsreise*
descendre *absteigen*
unique *einzig*
louer *vermieten*
souricière *f Mausefalle*

Automobiliste

Colette visite la Grèce en automobile avec une amie. Celle-ci est en train de la photographier devant les ruines d'un temple.

– Attention, s'écrie Colette, on va voir l'auto sur la photo.

– C'est vrai, dit l'autre, ce serait un anachronisme.

– Et puis, surtout, mon mari croirait que c'est moi qui aie renversé ces colonnes!

automobiliste *m/f Autofahrer (-in)*
Grèce *f Griechenland*
être en train de faire qch. *im Begriff sein, etw. zu tun*
renverser *umstürzen*
colonne *f Säule*

Prévisions météorologiques

Un touriste désenchanté s'enquiert des chances de beau temps auprès d'un habitant du pays:

– Quand on voit le village là-haut dans la montagne, c'est qu'il va pleuvoir.

– Et quand on ne le voit pas?

– C'est qu'il pleut!

prévisions *f/pl.* météorologiques *Wettervorhersage*
désenchanté *enttäuscht, ernüchtert*
s'enquérir de *sich erkundigen nach*
pleuvoir *regnen*

Bonne raison

Mme Dubois: «Vous avez dû faire de jolies promenades pendant votre séjour à la campagne?»

L'amie: «Oh! non, nous restions à l'hôtel, notre chambre nous coûtant soixante francs par jour, c'était bien le moins d'en profiter!»

vous avez dû faire ... *Sie haben wohl ... gemacht*

séjour *m Aufenthalt*

coûter *kosten*

Dans la coulisse

dans la coulisse *hinter den Kulissen*

Pas d'exagération!

exagération *f Übertreibung*

A la fin du troisième acte, les spectateurs applaudissent à tout rompre. C'est un triomphe. L'auteur de la comédie se précipite dans la loge de la vedette:

– Merveilleuse! Etonnante! Sensationnelle! Incomparable!...

– Oh! l'interrompt l'actrice flattée, vous exagérez.

– Pas du tout, fait l'auteur. Je parlais de la pièce.

– Moi aussi, rétorque l'actrice sur un ton glacial.

applaudir à tout rompre *frenetischen Beifall spenden*

se précipiter *stürzen, sich eilends begeben*

vedette *f Hauptdarstellerin*

flatter *schmeicheln*

exagérer *übertreiben*

rétorquer (*mit den gleichen Waffen, Argumenten usw.) zurückschlagen*

glacial *eisig*

Rectification

rectification *f Berichtigung*

Avant la répétition générale de la nouvelle pièce, le directeur de ce petit théâtre parisien «pique» une de ses colères qui sont célèbres:

– C'est incroyable! C'est insensé! On se croirait ici dans une maison de fous!

– Non, lui répond le jeune premier sans perdre son calme, pire!

– Comment: pire? hurle le directeur.

– Dans une maison de fous, le directeur ne l'est pas!

répétition *f* générale *Generalprobe*

piquer une colère P *e-n Wutanfall bekommen*

insensé *verrückt*

maison *f* de fous *Irrenhaus*

premier *m erster Liebhaber*

pire *adj. schlimmer*

'hurler *brüllen*

La plus stricte intimité

– Est-ce qu'il y avait beaucoup de monde à votre fête? demanda quelqu'un à une vedette d'Hollywood.

– Mais non, répondit-elle, nous étions tout à fait entre nous. Il y avait juste mes deux filles de mon premier mariage, puis la troisième femme divorcée de mon second mari, mon quatrième ex-mari avec sa fiancée, mon fiancé et moi, et sa seconde femme à lui...

monde *m fig. Leute*
vedette *f Star*
divorcé *geschieden*
fiancé *m Verlobte(r)*

Cela peut arriver

Appendice

Tard dans la soirée, le téléphone sonne chez le chirurgien.

– Docteur, ici André Durand, 7, boulevard de la République. Je vous prie de venir d'urgence. Il faut enlever l'appendice à ma femme...

– Durand, 7, boulevard de la République? dit le médecin. Mon cher ami, vous vous moquez de moi! J'ai déjà opéré votre femme l'année dernière de l'appendicite, et jamais encore je n'ai vu quelqu'un avoir deux appendicites!

– Oui, d'accord, dit M. Durand. Mais avez-vous peut-être déjà vu quelqu'un qui s'est marié une deuxième fois?

appendice [apɛ̃ˈdis] *m Blinddarm*
chirurgien *m Chirurg*
d'urgence *eiligst*
enlever *entfernen, herausnehmen*
se moquer de q. *sich über j-n lustig machen*
appendicite *f Blinddarmentzündung*
d'accord *einverstanden*

Proportion

Madame se refait une beauté, assise devant sa glace. Monsieur contemple la scène, l'air goguenard.

se refaire une beauté F *sich hübsch machen*
glace *f Spiegel*
contempler *betrachten*
goguenard *spöttisch*

– Sais-tu que j'ai lu une statistique qui prouvait que les femmes dépensent en produits de beauté deux fois plus d'argent que ne coûte notre armée ?...

– Possible, lui répond Madame, tout en continuant calmement à se poudrer... Mais elles font aussi deux fois plus de conquêtes !

prouver *beweisen*
dépenser *ausgeben*
produits *m/pl.* de beauté *kosmetische Erzeugnisse*
possible *möglich*
poudrer *pudern*
conquête *f Eroberung*

Crise de logement

Fiancé depuis de nombreux mois, Robert ne peut se marier à cause de la crise de logement.

– Va donc habiter chez tes beaux-parents, lui conseille un ami.

– Impossible, ils habitent déjà chez les leurs.

logement *m Wohnung*
fiancé *verlobt*
à cause de *wegen*
beaux-parents *m/pl. Schwiegereltern*

Tireur d'élite

De passage dans un village perdu du Texas, un reporter découvre sur les murs, sur les palissades, sur les arbres, des cercles dessinés à la craie, et exactement au milieu de chaque cercle le point d'impact d'une balle. Quelle n'est pas sa stupeur d'apprendre que l'artiste qui a tiré de façon aussi magistrale est l'innocent du village. Il va aussitôt le voir.

– Bah, dit l'autre, c'est très facile. D'abord, je tire, et ensuite, je dessine le cercle...

tireur *m* d'élite *Meisterschütze*
de passage *auf der Durchreise*
perdu *verloren, abgelegen*
découvrir *entdecken*
palissade *f Bauzaun*
dessiner *zeichnen*
craie *f Kreide*
point *m* d'impact *Einschlagstelle*
balle *f (Gewehr-)Kugel*
stupeur *f Verblüffung*
tirer *schießen*
magistral *meisterhaft*
innocent *m* du village *Dorftrottel*

Preuve

Un orchestre tzigane jouait dans un petit restaurant parisien. Un des musiciens passait de table à table, pour faire la quête.

orchestre *m* tzigane *Zigeunerkapelle*
quête *f Geldsammlung*

– Comment faites-vous, demande un client au chef de l'orchestre, pour éviter que le collègue qui fait la quête garde quelque chose pour lui?

– Très simple, répondit le chef. Je loui donne assiette en main goche et mouche qui vit en main droite. Quand mouche encore là quand quête terminée, musicien honnête!

éviter *verhindern*
loui (lui) *und* goche (gauche) *in Nachahmung der Zigeunersprache*
assiette *f Teller*
mouche *f Fliege*
honnête *ehrlich*

Croyable

A la poignée de son énorme coffre-fort, un industriel a suspendu un petit écriteau sur lequel est écrit:

«Ce coffre ne contient pas d'argent; il y a seulement des documents.»

Quelques jours plus tard, quelle n'est pas sa surprise. Pendant la nuit, une main a, sur l'écriteau, ajouté au crayon:

«Merci. Je vous fais confiance.»

croyable *glaubhaft*
poignée *f Griff*
coffre-fort *m Geldschrank, Safe*
suspendre *anhängen*
écriteau *m Schild*
contenir *enthalten*
surprise *f Überraschung*
faire confiance à q. *j-m vertrauen*

Petite difficulté

– J'ai l'impression que les affaires vont bien, mon vieux. Quel magnifique pardessus! Mais pourquoi diable, le portes-tu avec des pantalons aussi effrangés?

– Est-ce que par hasard tu connais un café où les clients accrochent leurs pantalons aux portemanteaux?

impression *f Eindruck*
affaires *f/pl. Geschäfte*
pardessus *m Überzieher, Mantel*
effrangé *ausgefranst*
accrocher *an-, aufhängen*
portemanteau *m Kleiderhaken*

Tel père tel fils

– J'ai l'enfant le plus bête de la terre, dit Durandot à Dugadin. Tu vas voir, nous allons faire une expérience...

– Momo, voilà 5 francs, va m'acheter un frigidaire.

tel père, tel fils: *entspr. d. dtsch. „Der Apfel fällt nicht weit v. Stamm"*
bête *dumm*
expérience *f Experiment*
frigidaire *m Kühlschrank*

– Bien, papa.

– Mon fils, déclare à son tour Dugadin, est encore plus bête… Toto! voilà 5 francs, va voir si je suis au café du coin.

– Bien, papa.

Dugadin regarde Durandot et lève ses bras au ciel, à la fois contrit et émerveillé par autant d'innocence. Pendant ce temps, les deux enfants se croisent dans la rue et se mettent à rire tous les deux.

à la fois *zugleich*
contrit *zerknirscht*
émerveillé *höchst verwundert*
innocence *f hier: naive Leichtgläubigkeit, Torheit*
se croiser *sich begegnen*
se mettre à faire qch. *anfangen, etw. zu tun*
tout de même *immerhin*

– Tout de même, dit Momo, je ne savais pas que j'avais un père aussi bête. Il me donne 5 francs pour acheter un frigidaire. Et il n'indique même pas la marque!

indiquer *angeben, andeuten*

– Moi, dit Toto, il me donne 5 francs pour aller voir s'il n'est pas au café. Avec 50 centimes il pourrait téléphoner…

Le cinquième enfant

Dans un salon, une jeune femme parle de son dernier-né. Un monsieur s'enquiert poliment:

dernier-né *m Jüngster*
s'enquérir *sich erkundigen*
poliment *adv. höflich*

– Et combien d'enfants avez-vous?

– J'en ai seulement quatre, dit-elle.

Puis elle ajoute:

– Heureusement!

– Pourquoi heureusement, madame?

– C'est que j'ai lu dans un article que, sur chaque groupe de cinq enfants qui naissent dans le monde, il y a toujours un Chinois! Vous me voyez avec un enfant chinois sur les bras?

lu *p. p. von* lire *lesen*
naître *geboren werden*
Chinois *m Chinese*

Drôles d'histoires

Invraisemblable

Un jeune ingénieur agronome en vacances bavarde avec un vieux paysan:

– Vos méthodes de culture sont complètement périmées. Tenez, ça m'étonnerais bien que vous puissiez obtenir plus de dix kilos de pommes de cet arbre.

– Moi aussi, dit le paysan. C'est un poirier.

invraisemblable *unwahrscheinlich*
ingénieur *m* agronome *Diplomlandwirt*
bavarder *schwatzen*
culture *f Anbau*
périmé *veraltet*
étonner *erstaunen*
obtenir *erhalten, ernten*
poirier *m Birnbaum*

Quatre-vingt-dix

La chose se passe au peloton des élèves caporaux.

– L'eau, dit l'instructeur, elle bout à quatre-vingt-dix degrés.

– Pardon! dit l'agrégé de physique, qui est là parce que ça s'est trouvé comme ça, pardon, l'eau ne bout pas à quatre-vingt-dix, mais à cent degrés.

– Si vous savez mieux, dit alors le sous-officier, vous irez en permission sur mes bottes.

Mais le lendemain, l'instructeur commence la séance par des excuses:

– Je me suis renseigné, explique-t-il, ce n'est pas l'eau qui bout à quatre-vingt-dix degrés, c'est l'angle droit.

peloton [pəlɔˈtɔ̃] *m Zug (Untereinheit e-r Kompanie)*
élève caporal *m Unteroffiziersschüler*
instructeur *m Ausbilder*
bouillir [buˈjiːr] *kochen*
degré *m Grad*
agrégé *m* de physique *etwa: Physikprofessor (mit Befugnis, an Ober- und Hochschulen zu lehren)*
permission *f Urlaub*
se renseigner [rɑ̃sɛˈɲe] *sich erkundigen*
angle *m* droit *rechter Winkel*

Egaré

Un avion de reconnaissance survole l'immensité désertique du Sahara. Tout à coup, le pilote aperçoit un homme, seul, marchant à travers les dunes. N'écoutant que son courage, il accom-

égaré *verirrt*
avion *m* de reconnaissance *Aufklärungsflugzeug*
survoler *überfliegen*
immensité *f Unermeßlichkeit, Weite*
désertique *öde, wüst*
accomplir *fertig-, vollbringen*

plit un atterrissage difficile et va à la rencontre du pauvre égaré:

– Alors, vous êtes perdu?

– Moi? non, je cherche la mer...

– La mer? Mais elle est à 3000 km d'ici!

– Vous croyez? Quand même, quelle belle plage!

atterrissage *m Landung*
aller à la rencontre de q. *j-m entgegengehen*
quand même F *und wenn schon, trotzdem*
plage *f Strand*

Escroquerie

escroquerie *f Gaunerei*

Deux Anglais en vacances à Paris regardent les cygnes évoluer sur le lac du bois de Boulogne. Soudain, un homme s'approche d'eux et leur dit:

– Vous en avez admiré combien?

– Cinq! répond un des Anglais aussitôt.

– Alors, fait l'homme, comme c'est un franc par cygne,cela fait cinq francs.

L'Anglais s'acquitte sur-le-champ. Le soir, de retour à l'hôtel, les deux touristes racontent leur aventure à un Parisien qui s'exclame:

– Mais c'est une escroquerie!

– Yes! triomphe l'Anglais, on en avait vu une bonne douzaine!

cygne [siɲ] *m Schwan*
évoluer *sich hin und her bewegen*
admirer *bewundern*
s'acquitter *seine Schulden begleichen*
sur-le-camp *auf der Stelle, sofort*
de retour *wieder zurück*
aventure *f Abenteuer*
vu *p. p. von* voir *sehen*

Trop petit

Olive, tout essoufflé, entre chez le quincaillier de la rue Paradis:

– Vite ... vite, halète-t-il, je suis très pressé! Avez-vous des pièges? ...

– Bien sûr, fait le commerçant.

– Eh bien! Vite ... vite ... donnez-m'en un que je puisse attraper le trolleybus! ...

Le quincaillier lève les bras au ciel:

– Eh bonne mère, c'est que j'ai des pièges, bien sûr! Mais pas d'assez gros pour attraper un trolleybus! ...

essoufflé *außer Atem*
quincaillier *m Eisenwarenhändler*
'haleter *keuchen*
être pressé *es eilig haben*
piège *m Falle*
attraper *erreichen, einholen; fangen*

Extra-lucide

lucide *hellsehend*

Une très jolie jeune femme est allée interroger un chiromancien. Celui-ci regarde avec une loupe les lignes de sa main. De temps en temps, il sourit; parfois, il rougit ou encore ses yeux se mettent à briller. Finalement la jeune femme, intriguée par ce manège, demande:

– Que voyez-vous donc de si réjouissant, pour mon avenir?

– Avenir? dit le chiromancien. Pour le moment j'étudie votre passé!

chiromancien [kirɔmɑ̃ˈsjɛ̃] *m Handwahrsager*
encore *überdies*
se mettre à faire qch. *beginnen, etw. zu tun*
intriguer *neugierig machen; beunruhigen*
manège *m Tun u. Treiben; Getue*
réjouir *erheitern, erfreuen, belustigen*

Franchise

franchise *f Offenheit*

M. Perrin ne passe pas dans sa petite ville pour un esprit pénétrant. Cependant, il a réussi dans les affaires grâce à l'activité jamais défaillante de sa femme: il possède un magasin de drap bien achalandé.

Il aime à raconter ses débuts difficiles. L'autre jour, il disait à un client qui le connaît parfaitement:

– Quand je me suis mis dans les affaires, je n'avais rien que mon intelligence.

– Oui, c'était vraiment bien peu, ajouta le client.

passer pour *gelten für*
pénétrant *scharf*
activité *f Rührigkeit*
défaillant *nachlassend*
drap *m Tuch*
achalandé *mit großer Kundschaft*
début *m Anfang*
l'autre jour *neulich, kürzlich*
client *m Kunde*
mis *p. p. von* mettre
se mettre dans qch. *mit etw. anfangen, sich für etw. einsetzen*

Aucun doute

doute *m Zweifel*

Un Français perdu dans le brouillard de Londres se trouve en haut d'un escalier. A tout hasard, il descend. Soudain, il heurte quelqu'un qui monte.

– Please, Sir, demande-t-il, si je continue à descendre, où vais-je arriver?

brouillard *m Nebel*
escalier *m Treppe*
à tout hasard *auf gut Glück*
heurter q. *mit j-m zusammenstoßen*

– Dans la Tamise, répond une voix enrouée.
– Vous en êtes sûr!
– Si j'en suis sûr ... J'en sors!

Tamise *f Themse*
enroué *heiser*
sortir *herauskommen*

L'histoire d'un cadeau

M. Jules Patissot, chef comptable aux établissements Touchot-Pafroy et Cie, quincaillerie en gros, posa son journal sur la table, tira sa pipe de son écrin, la bourra et, l'ayant allumée, en tira voluptueusement des bouffées odorantes.

Le dîner venait de prendre fin et, pendant que la bonne Adèle desservait la table, Mme Lucie Patissot disposait les cartes pour se faire une réussite.

– Dis donc, Jules, dit-elle à son mari, c'est après-demain l'anniversaire de Mlle Guérétin. Tous les ans, nous avons l'habitude de lui offrir quelque chose. Qu'as-tu l'intention de lui offrir cette année?

Sans répondre à la question, M. Patissot bougonna:

– Ah! oui, je n'y pensais pas. Il va falloir que nous allions passer un après-midi chez cette vieille demoiselle. Tu sais que je déteste aller chez elle. C'est un vrai supplice pour moi.

– Pourquoi cela? fit Mme Patissot. Elle est très gentille et a une conversation toujours très intéressante.

– Je ne dis pas le contraire. Mais tu sais bien que, chez elle, on ne peut pas fumer. Elle ne peut pas souffrir la fumée, ni même l'odeur du tabac. Si par hasard, machinalement, j'allume une

chef *m* comptable [kɔ̃'tabl] *Oberbuchhalter*
établissements *m/pl. Werk, Unternehmen*
quincaillerie [kɛ̃kɑj'ri] *f Eisenwaren; Haus- und Küchengeräte*
écrin *m Etui*
bourrer *stopfen*
voluptueusement *adv. genießerisch*
bouffée *f (Rauch-)Wolke*
odorant *wohlriechend*
desservir *abräumen*
disposer *herrichten, vorbereiten*
se faire une réussite *e-e Patience legen*
anniversaire *m Geburtstag*
offrir *schenken*
bougonner F *brummen*
détester *verabscheuen, hassen; nicht ausstehen können*
supplice *m Strafe; Qual, Marter*
gentil, -le [ʒɑ̃'ti, -'ti:j] *liebenswürdig; nett, lieb*
avoir une conversation intéressante *interessant zu plaudern verstehen; in anregender Weise unterhaltsam sein*
fumer *rauchen*
souffrir *ausstehen*
machinalement *adv. unwillkürlich*

cigarette, tout de suite elle se met à tousser à fendre l'âme, elle va ouvrir toutes les fenêtres et elle s'évente largement avec son éventail qui date de 1895. Alors, naturellement, je comprends et j'éteins ma pauvre cigarette. Que serait-ce si j'allais allumer une pipe. Je n'ose y penser.

– Tu te passeras de fumer pendant trois heures, voilà tout.

– Tu en as de bonnes, toi! Demander à un fumeur comme moi de rester trois heures à causer sans fumer, c'est cruel!

– Tu suceras des chewing-gums. Cela fera passer le temps.

– Et j'aurais l'air d'être un bœuf qui rumine, merci bien!

– Et que penses-tu lui offrir cette année, à cette chère Guérétin?

– Bien, comme tous les ans, des bonbons. Des fondants et des crottes de chocolat. Elle adore ça. Seulement, elle a une manière de vous offrir la boîte ouverte en vous disant: «Prenez-en un», en appuyant sur le mot «un» ... D'autant plus qu'elle ne repasse jamais deux fois la boîte, cette vieille bique!

Les yeux de Mme Patissot se firent sévères:

– Voyons, Jules, surveille tes expressions, je te prie!

– Bon, ça va, acquiesça Jules Patissot. Mais, cette année, j'ai bien l'intention de ne faire aucuns frais pour cette vieille ... demoiselle. Tu sais que, tous les ans, mes employés de la comptabilité ont l'habitude, à l'occasion de mon anniversaire, de me faire cadeau d'une grande boîte de bonbons. Cette boîte, qu'ils m'ont offerte il y a quelques jours, je ne l'ai pas encore ouverte.

se mettre à faire qch. *beginnen, etw. zu tun*
tousser *husten*
fendre *spalten*
à fendre l'âme *herzzerreißend*
s'éventer *sich Luft zufächeln*
largement F *tüchtig, ausgiebig*
éventail [evɑ̃ˈtaːj] *m Fächer*
éteindre *(aus)löschen, ausmachen*
pauvre *bedauernswert; armselig*
se passer de faire qch. *(darauf) verzichten, etw. zu tun*
tu en as de bonnes (idées) F *du beliebst wohl zu scherzen; du hast aber Einfälle*
cruel *unmenschlich; qualvoll; bitter*
sucer *lutschen*
chewing-gum [tʃuiŋˈgɔm] *m (engl.) Kaugummi*
avoir l'air de *so aussehen als ob*
ruminer *wiederkäuen*
fondant *m Fondant*
crotte *f* de chocolat *Praline*
adorer F *leidenschaftlich gern haben (mögen)*
appuyer sur *Nachdruck legen auf*
repasser *(noch einmal) reichen*
bique P *f Ziege, Zicke*
se faire *werden*
surveiller qch. *achtgeben auf*
ça va *schon gut; in Ordnung*
acquiescer [akjɛsˈse] *zustimmen*
frais *m/pl. Unkosten*
employé *m Angestellter*
comptabilité *f Buchhaltung*

Elle est ici, sur mon bureau. Eh bien, je vais la lui donner. Cela fera autant d'économies.

– Qu'il en soit fait selon tes désirs, conclut Mme Patissot en revenant à ses cartes.

Le dimanche suivant, les époux Patissot allèrent faire leur visite à Mlle Guérétin. M. Patissot portait sous son bras la boîte de bonbons, cadeau de ses employés. Elle avait les dimensions d'une boîte à chaussures, encore enveloppée d'un papier gris et encore ficelée comme sortant du magasin.

En entrant dans le salon, après les salutations et les paroles de félicitations habituelles, M. Patissot, faisant un effort sur lui-même, grimaça un sourire de circonstance et présenta son cadeau:

– Chère mademoiselle, dit-il, comme tous les ans, veuillez accepter ce modeste don. J'espère qu'il vous plaira.

– Oh! merci, cher monsieur, sourit Mlle Guérétin, qui fit aussitôt sauter la ficelle et ouvrit la boîte.

Horreur! Le colis contenait une grosse pipe d'écume, deux paquets de tabac et une boîte de cinquante cigares! ...

Roger Darbois

bureau *m Schreibtisch*

cela fera autant d'économies *das hätten wir dann wenigstens eingespart*

époux *m/pl. Eheleute, Ehepaar*

boîte *f* à chaussures *Schuhkarton*

envelopper *einwickeln, -pakken, -schlagen*

ficeler *verschnüren*

salutation *f Begrüßung*

faire un effort sur soi-même *sich zusammennehmen*

grimacer un sourire de circonstance *ein dem Anlaß entsprechendes Lächeln* (*Grinsen*) *aufsetzen*

don *m Gabe*

faire sauter *sprengen, zerreißen*

ficelle *f Bindfaden*

(quelle) horreur! *wie entsetzlich!*

colis *m Paket*

pipe *f* d'écume *Meerschaumpfeife*

Conversations de jeunes femmes

Rupture

Deux jeunes filles se rencontrent:

– Ma pauvre chérie – s'écrie la première – qu'est-ce que j'apprends? Tu as rompu tes fiançailles ... Ce n'est pas possible! ...

– Mais si, que veux-tu! C'est fini...

apprendre *erfahren*

rompre ses fiançailles *s-e Verlobung lösen*

– Mon pauvre chou! ... Raconte! ...

– Oh, c'est très simple! Il s'est révélé très vite insupportable: il critiquait mes robes, il m'empêchait de voir mes amies, il ne voulait pas que j'aille entendre Johnny Hallyday. Et pour compléter le tout!

– Quoi? ...

– Figure-toi qu'un jour il en a épousé une autre. Alors là, j'en ai eu assez, j'ai rompu dé – fi – ni – ti – ve – ment!

chou F *m Schätzchen, Liebling*
se révéler *fig. sich entpuppen*
insupportable *unerträglich*
empêcher *hindern*
se figurer *sich vorstellen*
définitivement *endgültig*

Perplexité

Une jeune femme est en train d'écrire d'une plume fébrile:

– Mon chéri, je t'attendrai ce soir, tu devines avec quelle impatience... Tu es toute ma vie... Je t'aime...

Puis après avoir cacheté le billet, elle hésite:

– A qui dois-je l'envoyer? ... A Lucien, à Robert ou à Jean-Claude? ...

perplexité *f Ratlosigkeit*
fébrile *fiebrig*
deviner *(er)raten*
impatience *f Ungeduld*
cacheter *zukleben*
hésiter *zögern*

Quelque part en France

quelque part *irgendwo*

Riposte

Dans un train, deux messieurs s'amusent de la mine très paysanne de leur compagnon de compartiment.

– Et où allez-vous comme ça? lui demande l'un d'eux.

– A Parisse, répond le paysan.

– A Parisse avec deux s? demande l'autre, sarcastique.

– Non, répond le paysan, avec deux imbéciles.

riposte *f schlagfertige Antwort, fig. Gegenhieb*
mine *f Aussehen*
paysan *bäuerlich*
compartiment *m Abteil*
imbécile *m Dummkopf*

Modestie

Le signal d'alarme retentit dans la nuit. Le train stoppe. Le chef de train et plusieurs employés se précipitent dans le compartiment d'où est venu l'appel. Ils ne trouvent qu'une vieille dame qui leur dit d'un petit air doux:

– Il ne fallait pas vous déranger si nombreux pour une simple tasse de thé!

modestie *f Bescheidenheit*
retentir *ertönen*
employé *m Angestellter*
se précipiter *sich stürzen*
compartiment *m Abteil*
appel *m Ruf, Signal*
doux *sanft, freundlich*
se déranger *sich stören lassen*

La différence

Pour la première fois de sa vie le vieux paysan corse a pris l'avion pour aller voir son fils sur le Continent. A peine l'appareil a-t-il décollé, qu'il s'inquiète auprès de l'équipage:

– Vous ne distribuez pas de parachutes?

– Non, Monsieur, nous ne distribuons jamais de parachutes.

– Et pourquoi? On donne bien des ceintures de sauvetage à bord des bateaux?

– Sans doute... Mais le cas est différent.

Le visage du vieux s'empourpre. Il grogne:

– Madonnacche! Je comprends qu'il est différent... Il y a beaucoup plus de gens qui savent nager que de gens qui savent voler...

aller voir *besuchen*
appareil *m Maschine*
décoller *starten*
s'inquiéter auprès de q. *sich besorgt an j-n wenden*
équipage *m Mannschaft*
distribuer *verteilen*
parachute *m Fallschirm*
ceinture *f* de sauvetage *Rettungsring*
s'empourprer *sich purpurrot färben*
grogner *brummen*
madonnacche *kors. Schimpfwort*
je comprends que F *etwa: na und ob*

Mal informé

Dans la Camargue. Un automobiliste perd sa route et rencontre, après plusieurs heures, un gardian. Conversation. Finalement, le vieux gardian demande:

– Alors, la guerre, où en est-on?

Camargue *Deltalandschaft in der Rhônemündung*
gardian *m (berittener) Rinderhirt in der Camargue*
finalement *schließlich*

– La guerre, dit l'automobiliste, étonné, mais il y a presque trente ans qu'elle est terminée!

– Tiens, dit le gardian, alors, qu'est-ce qu'on a fait de Guillaume II?

– Mais, mon vieux, depuis, nous avons eu une nouvelle guerre mondiale!

– Et qui l'a gagnée?

– Mais nous, voyons!

– C'est bien, dit le vieux, ça va faire plaisir à notre Clemenceau!

étonné *erstaunt*
terminer *beenden*
Guillaume II *Wilhelm II.*
guerre *f* mondiale *Weltkrieg*
gagner *gewinnen*
faire plaisir à q. *j-n freuen*
Clemenceau (*1841–1920*), *franz. Staatsmann, während des ersten Weltkrieges Ministerpräsident* (*1917–1920*)

Sans peur

Un Marseillais raconte un terrible séisme dont il a été le témoin.

– Ce que vous avez dû avoir peur, lui dit quelqu'un.

– Mais non, pas trop, répond le Marseillais; la terre tremblait plus que moi.

séisme *m Erdbeben*
témoin *m Zeuge*
dû *p. p. von* devoir *müssen*
avoir peur *Angst haben*
trembler *zittern*

Gasconnades

gasconnade *f Aufschneiderei*

Distraction

Un explorateur accable une ravissante jeune femme du récit de ses chasses que la belle écoute d'une oreille excessivement distraite. Il lui a déjà raconté comment il a pu échapper à un troupeau d'éléphants, à une charge de rhinocéros, puis, enfin, à un lion, en se jetant dans une rivière.

– ... Hélas! Elle était infestée de crocodiles! Je nage, je nage...

– Comme je vous comprends, dit sa voisine, moi aussi, j'adore nager!

distraction *f Zerstreutheit, Geistesabwesenheit*
explorateur *m Forschungsreisender*
accabler *überhäufen; belästigen*
récit *m Erzählung, Bericht*
chasse *f Jagd*
distrait *zerstreut*
échapper *entkommen*
charge *f Angriff*
infester *verseuchen*
nager *schwimmen*

Bien fait

Un chasseur bredouille achète un lièvre chez un marchand et rentre triomphalement chez lui. Madame prend l'animal, le renifle et constate qu'il est déjà pas mal faisandé:

– Eh bien, mon pauvre chéri, dit-elle, tu as bien fait de le tuer. Il était temps!

un chasseur bredouille *ein Jäger, der nichts geschossen hat*
lièvre *m Hase*
renifler qch. F *an etwas schnüffeln*
pas mal *ziemlich*
être faisandé *e-n kräftigen Wildgeruch angenommen haben*

Chasse au lion

Marius raconte sa dernière expédition à Olive.

– Soudain, dans la nuit, je vois deux yeux phosphorescents. Je tire au milieu, ils s'éteignent. Ils se rallument, je tire, ils s'éteignent comme cela dix-huit fois. Le lendemain matin, je vais voir: j'avais tué dix-huit lions.

Huit jours après, Olive dit à Marius:

– J'ai été à ton endroit. Je vois deux yeux phosphorescents; je tire au milieu; ils ne s'éteignent pas et comme cela toute la nuit.

– Bou Diou! Qu'est-ce que ça veut dire? s'écrie Marius.

– Il y a que les lions, ils avaient compris. Ils marchaient par deux et il y en avait un qui fermait l'œil droit et l'autre l'œil gauche.

Marius *und* Olive *die klassischen Witzblattfiguren von Marseille; berüchtigte Aufschneider*
phosphorescent *im Dunkeln leuchtend*
s'éteindre *erlöschen*
rallumer *wieder anzünden*
tirer *schießen*
endroit *m Ort, Patz*
Bou Diou (*dial.*) = Bon Dieu

La même lutte

Au comptoir d'un bistro voisin de la place Bellecour, à Lyon, un client est en train de terminer une histoire de pêche:

– En somme, dit-il, avec une pointe de fierté dans la voix, j'ai lutté exacte-

lutte *f Kampf*
comptoir *m Theke*
bistro P *m Kneipe, Schenke*
voisin *benachbart*
client *m Gast*
en somme *kurzum*
pointe *f fig. Stich, Schuß*
lutter *kämpfen*

ment cinquante-cinq minutes pour avoir ce coquin de saumon...

– C'est comme moi, observe paisiblement un autre. Nous devons avoir le même genre d'ouvre-boîte.

coquin *m Schelm, Kerl*
saumon *m Lachs*
paisiblement *adv. ruhig*
ouvre-boîte *m Büchsenöffner*

Histoires écossaises

écossais *schottisch*

Histoire macabre

macabre *schauerlich*

Georges Simenon raconte l'histoire de cette famille écossaise discutant, près du grand-père moribond, pour savoir si on lui fera un enterrement de première, de deuxième ou de troisième classe. Cette dernière solution va être adoptée, lorsqu'on entend la voix sarcastique du grand-père qui propose:

– Si vous voulez, je peux aller à pied!

Simenon, Georges *belg. Schriftsteller* („*Maigret*")
moribond *todkrank*
enterrement *m Beerdigung*
adopter *annehmen*

Economie

économie *f Sparsamkeit*

Mac Farlane vient rendre visite à son vieux copain Mac Grégor et il le trouve plongé dans un énorme livre curieusement imprimé. Il lui demande, étonné:

– Qu'est-ce que tu fais là?

– J'apprends l'alphabet braille, lui répond Mac Grégor.

– Pourquoi, ta vue baisse?

– Non, mais comme cela, le soir, je pourrai lire sans allumer l'électricité.

copain *m Kumpel*
plongé *vertieft*
alphabet *m* braille *Alphabet der Blindenschrift*
la vue baisse *die Sehkraft läßt nach*

Maldonne

maldonne *f Irrtum*

C'est un Ecossais qui vient de faire opérer sa femme des amygdales.

– Votre femme a eu bien tort de conserver cela si longtemps, déclare le

amygdales [amig'dal] *f/pl. Mandeln*

chirurgien. Il y a bien dix ans qu'elle aurait dû se les faire enlever.

– Ah! mais cela change tout, s'écrie le mari. Accepteriez-vous, docteur, de répéter devant témoins ce que vous venez de dire?

– Mon Dieu... sans aucun doute, réplique le chirurgien interloqué. Mais je ne saisis pas bien...

– C'est pourtant bien simple, docteur. Vous affirmez que ma femme aurait dû se faire opérer il y a dix ans. Or, nous ne sommes mariés que depuis sept ans. Dans ces conditions, voici l'adresse de mon beau-père. Envoyez-lui votre note.

dû *p. p. von* devoir *müssen*
témoin *m Zeuge*
répliquer *entgegnen*
interloqué *verdutzt*
saisir *hier: verstehen*
affirmer *behaupten*
beau-père *m Schwiegervater*

Par habitude

Deux Ecossais à qui la police interdit le duel décident de passer en Irlande afin de vider leur querelle.

Ils se retrouvent pour prendre leurs billets.

– Un aller et retour, dit le premier.

– Pour moi, un aller simple, dit le second. Et il ajoute, suavement:

– Je me sers toujours du ticket de mon adversaire.

vider la querelle *den Streit austragen*
aller et retour *Hin- und Rückfahrt*
suavement *adv. sanft*
ticket [ti'kɛ] *m Fahrkarte*
adversaire *m Gegner*

Humour encore

Les limites de la science

Un visiteur s'étonnait un jour de voir un fer à cheval cloué sur la porte de Niels Bohr, le fameux savant atomiste.

fer *m* à cheval *Hufeisen*
clouer (*auf-, an*)*nageln*
Bohr, Niels (*1885–1962*), *dänischer Physiker* (*Nobelpreis 1922*)
savant *m* atomiste *Atomforscher*

– Je n'aurais jamais pensé qu'un homme comme vous pût être superstitieux, lui dit-il.

– Oh! je n'y crois pas, répondit Niels Bohr en souriant. Mais on m'a dit que le fer à cheval portait bonheur, qu'on y croie ou non.

superstitieux *abergläubisch*
qu'on y croie ou non *ob man (nun) daran glaubt oder nicht*

Dent pour dent

dent pour dent *Zahn um Zahn*

Le téléphone sonne dans le bureau du directeur d'une agence de placement. Celui-ci décroche et entend une furieuse voix à l'autre bout du fil:

– Vous m'avez procuré une cuisinière hier; je serais infiniment heureux de vous avoir à dîner ce soir.

agence *f* de placement *Stellenvermittlungsbüro*
décrocher *(den Hörer) abnehmen*
fil *m Draht*
procurer *besorgen*
cuisinière *f Köchin*

Rififi

Dans un bar de Pigalle, un client n'a pas pu payer son addition. Furieux, le patron du bar lui flanque une tripotée terrible. Complètement groggy, le client s'écroule sur une chaise.

A ce moment, le barman sort de derrière son comptoir pour flanquer encore une paire de gifles au malheureux.

– Et alors? ... dit le patron, en haussant les sourcils.

– Ben quoi, dit le barman. Et le service? ...

(place) Pigalle *Platz im Pariser Vergnügungsviertel Montmartre*
pu *p. p. von* pouvoir *können*
addition *f Rechnung*
patron *m Besitzer, Chef*
flanquer une tripotée F *eine Tracht Prügel verabreichen*
s'écrouler *zusammenbrechen*
comptoir *m Theke*
gifle *f Ohrfeige*
'hausser *(hoch)heben*
sourcil *m Augenbraue*
ben P = eh bien
service *m Bedienung, Trinkgeld*

Plus vite

Quelque part entre la Concorde et l'Opéra, un taxi avance lentement derrière la masse des autres voitures.

– Vous ne pouvez pas aller plus vite? demande la cliente excédée.

la (place de la) Concorde *größter und bekanntester Platz in Paris*
excédé *gereizt*

– Bien sûr que si; mais je ne voudrais tout de même pas abandonner ma voiture.

bien sûr que si F *aber gewiß doch*
abandonner *aufgeben, verzichten auf*

Minimum vital

minimum *m* vital *Existenzminimum*

Ce patron marseillais qui s'estime très «social» fait une enquête parmi son personnel pour savoir comment il dispose de son budget:

– Moi, dit l'un, je consacre 60% à la nourriture, 20% au loyer, 10% à l'habillement, 20% aux loisirs et 10% aux achats divers.

– Mais, dit le patron, cela fait 120%.

– Hé té, monsieur, c'est bien ça le drame!

patron *m Arbeitgeber, Betriebsleiter*
s'estimer qch. *sich für etw. halten*
enquête *f Umfrage; Untersuchung*
consacrer *widmen*
loyer *m Miete*
habillement *m Kleidung*
loisirs *m/pl. Freizeit*
hé té (*dial.*) *na eben*

Signe infaillible

infaillible *untrüglich*

Un camion municipal stoppa devant un chantier. Les deux ouvriers avaient fini de charger un grand nombre de tuyaux de plomb et voulaient repartir quand un inspecteur de police les arrêta.

– Comment saviez-vous que c'étaient des voleurs et non des ouvriers de la Ville? demanda le juge.

– Je les ai observés, répondit l'inspecteur. Pour des ouvriers municipaux, ils travaillaient beaucoup trop vite!

chantier *m Baustelle*
camion *m Lastauto*
municipal *städtisch, Gemeinde...*
charger *(auf)laden*
tuyau *m* de plomb *Bleirohr*
voleur *m Dieb*
ouvrier *m Arbeiter*

Honnêteté

honnêteté *f Ehrlichkeit*

– Comment vont les affaires? demande un petit commerçant à l'un de ses confrères.

– Mal! Si ça continue, eh bien, ma déclaration d'impôts aura été juste...

affaires *f/pl. Geschäfte*
confrère *m Kollege*
déclaration *f* d'impôts *Steuererklärung*